Découverte photographique
de la Nouvelle-Calédonie

1848-1900

Remerciements

*J'adresse mes remerciements à toutes les personnes
qui m'ont aidé lors de mes recherches et qui ont contribué,
chacune à sa manière, à la réalisation de cet ouvrage.*

Je pense particulièrement :

*à ma compagne Françoise Jauneau et à notre fille Jade pour leur constant soutien,
au père Patrick O'Reilly qui a été pour moi l'initiateur de cette étude,
à François et Rodolphe Chamonal qui ont toujours encouragé mon projet.*

Sans oublier :

*Pierre Alibert,
Sylvie Aubenas et Bernard Marbot, conservateurs à la Bibliothèque nationale,
Michel et Michèle Auer, Christine Barthe, de la photothèque du musée de l'Homme,
le contre-amiral François Bellec, directeur du musée de la Marine, Gabriel Bonfait,
Pierre Bonhomme, Noël Boursier, Yannick Vigouroux, Olivier Bourgoin
de la Mission du patrimoine photographique,
Bernard Brou, président de la société historique de la Nouvelle-Calédonie,
Martine et Alain Cadéo, Yvan Christ,
Sylvie Claire, conservateur aux archives de l'Outre-Mer à Aix-en-Provence,
Marc Haworth-Booth et Christopher Titterington, conservateurs au Victoria & Albert Museum,
Charles Fayard et sa femme, Marie-Thérèse Junot, présidente de l'association des Néo-Calédoniens,
le contre-amiral Kessler, chef du service historique de la Marine,
Georges Kling, le père Théo Kok, bibliothécaire des archives des pères maristes, à Rome,
Yvonne Lacour-Mitride, Gérard Lévy, Hubert Martinez, Maryse Monin,
le père Claude Rosier de la société de Marie à Lyon,
Claude Stéfani, conservateur de la collection Bouge au musée des Beaux-Arts de Chartres,
René Surleau.*

*Je remercie également les responsables de la Turbull Library à Wellington,
du War Museum à Auckland, de la Mitchell Library à Sydney
et du Bishop Museum à Honolulu.*

© Serge Kakou, 1998
pour les photographies
© Actes Sud, 1998
pour la présente édition
ISBN 2-7427-1731-5

Serge Kakou

Découverte photographique
de la Nouvelle-Calédonie

1848-1900

ACTES SUD

Pour toi

DEUX PASSIONS CONJUGUÉES, l'art photographique et l'histoire de la Nouvelle-Calédonie, sont à l'origine de ce livre qui se propose de retracer le parcours des principaux photographes ayant exercé dans l'archipel calédonien. Un séjour de plusieurs années en Nouvelle-Calédonie me fit aimer cette France du bout du monde. Je devais découvrir là mes premières photographies. Hélas, peu d'entre elles avaient survécu aux cyclones, à l'humidité, aux termites et à l'indifférence des hommes pour ce passé qu'ils voulaient oublier. Ce fut en définitive sur les lieux de leur destination, en métropole, que j'allais trouver la plupart des photographies anciennes de la "Grande Terre" et des îles Loyauté. Après les avoir recherchées avec obstination et en avoir accumulé quelques milliers, mes investigations se portèrent sur leurs auteurs : d'excellents praticiens aux styles bien distincts qu'il me restait à identifier.

Seul, le père O'Reilly[1] s'était intéressé au sujet au point de consacrer une étude au photographe Allan Hughan. Les autres praticiens restaient pour la plupart des inconnus dont les noms – parfois même uniquement des initiales – étaient mentionnés à des dates peu sûres.

Il fallut apprendre à reconnaître les différentes techniques de tirage, à apprécier les papiers, puis tenter de dater les épreuves, enfin les attribuer. Le plus important pour ces recherches consistait à établir une méthodologie : comment retrouver la trace de ces hommes considérés comme des commerçants mais dont l'art passait inaperçu. La tâche me sembla au départ fort complexe. L'insularité du territoire m'aida pourtant à me procurer des informations très précises sur les allées et venues des uns et des autres grâce aux "Mouvements du port[2]". Chaque nouvel indice m'encourageait à poursuivre.

Ma première enquête me permit d'identifier l'excellent photographe Robin dont on ne savait presque rien. On le supposait anglo-saxon et il était mentionné comme le précurseur, ayant exercé de 1867 à 1869. En lisant une annonce officielle parue dans Le Moniteur impérial de la Nouvelle-Calédonie, *je m'aperçus qu'un certain Ernest Robin avait été nommé au poste d'écrivain de la marine. Cette précision me mit sur la piste d'un dossier administratif déniché, après quelques déconvenues, non pas au service historique de la marine – comme on aurait pu le croire – mais aux archives de l'Outre-Mer : le recrutement d'Ernest Robin avait en effet eu lieu sur place.*

Dans son dossier, que sans doute personne n'avait réouvert depuis un siècle, je mettais au jour la preuve recherchée : "Connaît et pratique la photographie." Ernest Robin était français et avait résidé en Calédonie de 1866 à 1881. Il me restait à localiser ses œuvres...

Ces recherches, qui se poursuivirent pendant près de dix ans, exigèrent de passer au peigne fin les articles et les annonces commerciales de la presse locale, de parcourir les journaux illustrés de la métropole, de feuilleter les catalogues de ventes aux enchères spécialisés, de recenser les fonds photographiques de nombreux musées et bibliothèques, de compulser les dossiers personnels des fonctionnaires déposés aux archives coloniales et maritimes, enfin de retrouver les familles des photographes. Bref, de poursuivre aussi loin que possible les investigations.

L'incroyable découverte d'un daguerréotype énigmatique cristallisa ma curiosité. Ce daguerréotype représentait un enfant mélanésien assis près d'un groupe de missionnaires au milieu desquels se trouvait monseigneur Douarre, premier évêque de Calédonie, mort en 1853. Après quatre années de quête qui me conduisirent aux archives des pères maristes, à Rome, je parvins à dater ce document et réussis à mettre un nom sur le visage de chacun des missionnaires réunis par "la destinée" cette seule semaine, en décembre 1849, sur une île du bout du monde. Cette image d'une valeur historique insoupçonnée s'est révélée la plus ancienne photographie de cette région du globe. L'auteur en était André Chapuy, l'un des premiers missionnaires maristes.

La résurgence de cette œuvre primitive m'incita à continuer mes recherches. La somme des informations collectées – le plus souvent inédites – allait me permettre de cerner chaque opérateur, de le replacer dans son contexte historique et de saisir sa personnalité et ses motivations. Ces hommes, chacun à sa manière, ont appréhendé cette terre de contraste et d'ambiguïté où, dans un décor imperturbablement idyllique, tant de cuisantes déconvenues se sont substituées aux espoirs les plus tenaces.

En commençant cette étude, la présence d'un photographe sur l'île avant l'annexion par la France me semblait inimaginable. De même il me paraissait fort improbable de trouver des photographes au sein de la maigre population de Port-de-France... C'était oublier que la photographie profite de chaque escale pour s'infiltrer dans les moindres recoins du monde.

1. Patrick O'Reilly, *Photographies de Nouvelle-Calédonie*, Nouvelles Editions latines, Paris, 1978.

2. La rubrique "Mouvements du port", publiée chaque semaine dans *Le Moniteur impérial de la Nouvelle-Calédonie*, signale l'arrivée et le départ des navires et recense tous les passagers.

LES FRÈRES DUFTY, *Néo-Calédonienne et armes kanaques, vers 1880.* (2)

Introduction
13

Le précurseur, André Chapuy, missionnaire mariste
17

La photographie à Port-de-France
1855-1865
27

De Port-de-France à Nouméa
1866-1871
47

Les ateliers professionnels
1871-1900
67

Un autre regard, les photographes amateurs
1870-1900
127

Les Néo-Calédoniens face à l'objectif des photographes
145

Les révélations de la presse illustrée
151

Epilogue
163

Biographies
164

Chronologie historique de la Nouvelle-Calédonie
170

Bibliographie
172

Table des illustrations
173

PAUL ÉMILE MIOT, *vue instantanée prise au cours de la campagne de* L'Astrée *en Océanie, vers 1870.* (3)

*Etonnants voyageurs ! quelles nobles histoires
Nous lisons dans vos yeux profonds comme les mers !
Montrez-nous les écrins de vos riches mémoires,
Ces bijoux merveilleux, faits d'astres et d'éthers.*

*Nous voulons voyager sans vapeur et sans voile !
Faites, pour égayer l'ennui de nos prisons,
Passer sur nos esprits, tendus comme une toile,
Vos souvenirs avec leurs cadres d'horizons.*

Dites, qu'avez-vous vu ?

C. BAUDELAIRE, "Le Voyage", *Les Fleurs du Mal.*

LORSQUE LE 19 AOÛT 1839 l'invention de la photographie est annoncée à l'Académie des sciences de Paris, l'archipel de la Nouvelle-Calédonie est une terre quasiment inconnue où aucun Européen ne s'est encore installé. Cette terre inexplorée de l'hémisphère austral ne figurait sur aucune carte de marine avant que le capitaine James Cook, la découvrant en 1774, ne lui donne un nom : *New Caledonia*. Quelques années plus tard, en 1788, l'expédition de La Pérouse, ordonnée par Louis XVI, longe et reconnaît les côtes calédoniennes. Puis les vaisseaux se perdent corps et biens aux îles Salomon[3]. Parti à leur recherche pendant la Révolution française, le contre-amiral de Bruni d'Entrecasteaux y fera escale à son tour, en 1793[4].

Dans la première moitié du XIXe siècle, la précieuse huile de baleine incite les armateurs à envoyer de nombreux navires sillonner les mers du Sud. Pourtant l'archipel de Nouvelle-Calédonie restera longtemps encore en dehors des routes commerciales. Les équipages et leurs capitaines prennent le soin de croiser très au large : ils redoutent la barrière de corail… autant que les Néo-Calédoniens réputés pour leur cannibalisme.

Vers 1840, l'histoire s'accélère : plusieurs petits navires de commerce visitent les îles Loyauté où d'importants gisements de bois de santal et de trépang[5] ont été découverts. Les échanges restent néanmoins sporadiques et les indigènes se montrent hostiles.

En 1843, un bâtiment de la marine française, *Le Bucéphale*, débarque à Balade[6] les premiers missionnaires catholiques, des maristes[7]. Ceux-ci survivent dans le plus grand dénuement et apprennent les dialectes indispensables à leur acceptation par les tribus réfractaires. Quand en 1847 la mission est attaquée et détruite, ils partent se réfugier aux Nouvelles-Hébrides sur l'île d'Anatom, à quelques jours de voile. C'est là que débarquent le 28 mai 1848 quatre missionnaires venus les soutenir. Parmi eux se trouve le père Chapuy qui apporte dans ses bagages un appareil daguerrien. A dater de ce jour, la photographie accompagnera l'histoire de la Calédonie. En août 1848, les maristes reviennent et s'installent sur l'île des Pins. En 1851, la mission de Balade est reconstruite. C'est en ce lieu que, le 24 septembre 1853, et sur les ordres de Napoléon III, le contre-amiral Febvrier-Despointes commandant la division navale du Pacifique prend possession de la Calédonie pour y établir la souveraineté française.

En juin 1854, le capitaine de vaisseau Tardy de Montravel découvre dans le Sud de l'île une baie vaste et profonde, bien protégée. Le site est idéal pour l'ancrage des navires et la création d'un port. Il décide d'y dresser un fort qui portera le nom de son navire, la *Constantine*. Les terres environnantes abriteront une ville qui sera baptisée Port-de-France[8]. Un pont entre la civilisation occidentale et le monde mélanésien est désormais établi. L'histoire de la colonisation commence inexorablement, pour le meilleur et pour le pire.

3. A Vanikoro, les équipages et tous les documents relatifs à l'expédition disparaissent. Ce n'est qu'en 1827 que le capitaine anglais Peter Dillon localise le lieu du naufrage. A la lumière de récentes découvertes faites sur les épaves, il s'avère que La Pérouse est effectivement allé en Calédonie, suivant scrupuleusement les instructions données par Louis XVI : reconnaître la côte est de cette Calédonie encore inconnue.

4. Cette visite leur apportera beaucoup de désillusions car ce pays, que Cook avait baptisé *New Caledonia* en souvenir de la verte province anglaise, connaît alors une grande sécheresse. A terre, les insulaires ne semblent plus les mêmes : les guerres tribales et la famine ont remplacé une population accueillante par une autre, agressive et affamée.

5. L'holoturie, une fois cuite et séchée, est exportée vers le marché asiatique où elle est fort appréciée.

6. Balade, à l'extrême nord de la Calédonie, est l'un des seuls points d'ancrage alors connus par la marine française.

7. Ces missionnaires sont l'évêque Guillaume Douarre, les pères Viard et Rougeyron, les frères Blaise Marmoiton et Jean Taragnat.

8. Le site, bien que dépourvu d'eau, sera préféré à celui de Balade. Lorsque Tardy de Montravel repart le 31 octobre 1854, la construction du fort Constantine est sur le point de s'achever.

EUGÈNE BOURDAIS, *le blockaus de Balade (détail)*, vers 1857-1858. (4)

Le précurseur, André Chapuy, missionnaire mariste

ANDRÉ CHAPUY
*Missionnaires en partance pour l'Océanie,
Toulon, octobre 1847.* (5)

Découverte photographique de la Nouvelle-Calédonie, 1848-1900

ANONYME, *le père Colin, fondateur de la société de Marie, vers 1845.* (6)

9. L'évêque Guillaume Douarre était accompagné des pères Viard et Rougeyron et des frères Taragnat et Marmoiton. Cependant quelques déserteurs et aventuriers s'étaient parfois installés le long des côtes et vivaient au milieu des tribus, tel Charles Bridget, dit "Cannibal Charley", présent à Lifou dès 1842, et un certain Carbonnel qui résidait à Hienghène à la même époque.

10. Durant les vingt premières années de son implantation, l'œuvre apostolique de la mission mariste s'est réalisée dans une pénurie de moyens souvent proche de la misère.

11. Les 232 membres d'équipage, placés sous les ordres du commandant Leconte, sont sains et saufs. Il était prévu, lors de l'escale, de retirer le drapeau français confié à la mission. Le gouvernement avait pris cette décision afin d'éviter toutes complications diplomatiques avec l'Angleterre, comme il s'en était produit à Tahiti lors de l'affaire Pritchard.

12. Le vicariat d'Océanie centrale dépendait jusque-là de l'évêché de Nouvelle-Zélande.

13. Il s'agit des pères Roudaire, Chatelut et Goujon, ainsi que des frères Jean Taragnat et Joseph Reboul.

1843. Les premiers arrivants

L'histoire retient que les premiers Européens à s'implanter en Nouvelle-Calédonie sont des missionnaires maristes[9] qui voyagèrent sur un navire de guerre de la marine française, *Le Bucéphale*. Ils mettent pied à terre la veille de Noël 1843 à Balade, seul point de mouillage alors indiqué sur les cartes maritimes. Leurs préoccupations immédiates sont d'ordre matériel. Il s'agit de s'installer au plus vite pour survivre. Comme ils ne disposent que de quelques mois de ravitaillement, l'évangélisation n'est pas à l'ordre du jour. Chacun se met à l'ouvrage. Il faut construire des logements, planter des cultures vivrières, s'occuper des quelques animaux qui étaient du voyage et, surtout, étudier les langues locales. Les premières années au milieu des tribus païennes et anthropophages sont particulièrement éprouvantes. Seuls la foi et le courage leur permettent de subsister dans des conditions aussi précaires[10]. Ils attendront vingt et un mois avant qu'un autre bâtiment de la marine, *Le Rhin*, ne vienne leur apporter provisions et nouvelles. En juillet 1846, *La Seine* est en vue, mais en franchissant les récifs le navire se brise et fait naufrage. Les missionnaires se portent au secours de l'équipage et apprennent des rescapés la décision gouvernementale de retirer le drapeau national confié à la mission[11]. Un grand découragement s'empare des missionnaires qui se sentent abandonnés. Monseigneur Douarre décide alors de repartir en France chercher de nouveaux appuis afin de renforcer la présence missionnaire.

Pendant son absence, les relations avec les Kanaks se dégradent, les malentendus se succèdent et, en juillet 1847, le pire advient : la mission est mise à sac et le frère Marmoiton est tué. Tous leurs efforts sont réduits à néant. Décision est prise de quitter la Calédonie et de se replier momentanément à Sydney. Pourtant, alors que tout espoir semble perdu, Douarre est reçu en audience par le roi Louis-Philippe. En octobre 1847, il obtient du Saint-Siège que la Nouvelle-Calédonie ne dépende plus de l'Océanie centrale[12]. Le vicariat de la Nouvelle-Calédonie est créé : Douarre, avec le titre d'évêque d'Amata, en sera le premier chef religieux. La hiérarchie dote ce territoire apostolique de nouveaux missionnaires[13] parmi lesquels émergera la singulière personnalité du père Chapuy.

Le daguerréotype au noviciat des maristes de Lyon

La chronique tenue par le père Mayet[14] au noviciat des maristes de Lyon nous apprend que l'utilisation de la photographie est fortement encouragée par le père Colin, fondateur de la société de Marie. Dès 1844, le frère Charles Aubert[15], un ancien pharmacien, fait des daguerréotypes. Mayet le cite dans sa chronique et décrit deux séances : une première où le père Colin est à genoux en train de prier et une seconde qui met en scène la cérémonie funèbre d'un missionnaire mort en mer. "L'un fit le mort et on l'étendit sur une planche avec des boulets aux pieds. Plusieurs prêtres étaient en surplis. On apporta une mitre et une crosse, et quelqu'un représenta monseigneur Pompallier. Quand tous les rôles furent distribués, que chacun fut placé, on fit jouer le daguerréotype."

En 1847, Chapuy est à son tour mentionné. Il réalise à cette époque des portraits daguerriens, à la grande satisfaction du père Colin qui aime à conserver dans sa chambre tous les visages des missionnaires en partance qu'il considère comme ses enfants.

14. Claude Mayet (1809-1894). Sa chronique concerne les faits et dits du père Colin.

15. En octobre 1844 Aubert part en Océanie centrale. Il est vraisemblable qu'avant son départ il ait initié d'autres maristes. La maîtrise de la technique photographique, rare à cette époque, excite la curiosité de son entourage et il est fort probable qu'il ait fait des adeptes.

ANONYME, *monseigneur Douarre (au premier rang, troisième en partant de la gauche) avant son départ sur Le Cocyte, Toulon, le 13 octobre 1848*. (7)

1848. Le père André Chapuy

Avant de partir à l'autre bout du monde pour propager le message du Christ, André Chapuy eut la lumineuse idée de glisser dans ses bagages une chambre daguerrienne. Grâce à lui, l'histoire de la photographie en Nouvelle-Calédonie commence avant même la prise de possession de l'île par la France. La population européenne de l'île ne compte encore qu'une poignée de missionnaires maristes[16].

Parti de Marseille en octobre 1847 sur le *Stella del Mare*, un trois-mâts appartenant à la société de l'Océanie[17], Chapuy arrive le 28 mai 1848, après une éprouvante traversée, à Anatom, l'île la plus méridionale des Nouvelles-Hébrides. C'est à cet endroit que les missionnaires réfugiés à Sydney ont débarqué quelques jours auparavant, avec la ferme intention de reprendre pied sur le sol calédonien. Deux mois plus tard l'occasion se présente en effet : une partie du groupe repart pour établir une mission à l'île des Pins où le grand chef leur accorde protection. Anatom restera la base principale de la mission, avant d'être abandonnée en mars 1850, pour insalubrité.

Chapuy gagne à son tour l'île des Pins où il seconde le père Goujon[18]. Il collabore activement aux travaux d'installation de la mission et commence la construction d'une scierie hydraulique, prouesse technique qui fait grande impression sur la population indigène. Il n'est pas homme de prêche et le reconnaît volontiers : c'est un manuel particulièrement doué qui met son talent au service de son Eglise. Il cultive, bâtit, forge et donne même des cours de couture "aux dames et princesses de la cour", comme il se plaît à l'écrire.

En 1854, il reste quelques mois à Balade où il imprime à l'aide de pierres lithographiques le premier livre calédonien : un catéchisme traduit dans le dialecte de Balade.

En 1861, ses supérieurs font appel à ses compétences pour rendre productif l'établissement de Saint-Louis[19] situé à quelques kilomètres de Port-de-France. Il participe à l'aménagement d'une sucrerie, d'une scierie et d'un moulin. On lui confie dans le même temps un vaste territoire d'évangélisation le long des côtes du Sud calédonien. En septembre 1865, il s'installe à l'île Ouen d'où il

---

16. Toute la population européenne de la Calédonie est représentée par neuf maristes ; les pères Chapuy, Gagnière, Goujon, Roudaire, Rougeyron et les frères Alphonse, Bertrand, Mallet et Taragnat. Ils seront rejoints le 7 septembre 1849 par l'évêque Guillaume Douarre, les pères Anliard, Chatelut, Forestier, Vigouroux et le frère Anliard qui arrivent en renfort sur *La Sultane*.

17. Société commerciale, fondée en 1845, pour transporter gratuitement les ecclésiastiques sur les lieux de leur apostolat et leur assurer un soutien logistique. A bord du *Stella del Mare* se trouvent douze sœurs de Saint-Vincent-de-Paul et vingt-six prêtres dont huit appartiennent à la société de Picpus, quatorze à celle des maristes et quatre aux lazaristes. Les maristes nommés en Calédonie sont les pères Chatelut, Gagnière, Goujon et Chapuy.

18. Prosper Goujon (1822-1881) fonde le 15 août 1848 l'établissement missionnaire de l'île des Pins qu'il dirigera durant vingt-six ans. Chapuy seconde le père Goujon jusqu'en 1861. Durant ces dix années passées sur l'île, Chapuy ne s'absente qu'à deux reprises : un repos à Sydney du 20 décembre 1850 au 1er mai 1851 et un séjour à Balade de septembre 1854 à mai 1855.

19. La mission de Saint-Louis fondée en 1856 est à l'origine une "réduction", expérience appliquée jadis par les jésuites du Paraguay : l'idée est de regrouper provisoirement les premiers chrétiens dispersés dans les tribus païennes et de les mettre ainsi à l'abri des persécutions dont ils font l'objet. Il devient nécessaire de construire des installations pour subvenir aux besoins de cette population.

ANDRÉ CHAPUY, *missionnaires autour de monseigneur Douarre (debout, au milieu), Anatom, le 29 décembre 1849.* (8)

rayonne pour exercer son ministère tout au long de sa "paroisse côtière[20]". Vers 1870, Chapuy dispose d'une goélette et de douze hommes – un équipage dont il est le capitaine. *L'Arche d'alliance*, le navire à bord duquel il dit la messe, est considéré comme le treizième diocèse de la Calédonie. Son port d'attache demeure l'île Ouen et c'est là que Chapuy passera le reste de sa vie auprès des indigènes parmi lesquels il meurt en 1882.

Son activité photographique en Nouvelle-Calédonie

Il semble que Chapuy prenne seul l'initiative d'emporter sa chambre daguerrienne : il ne reçoit aucune instruction particulière de la part de ses supérieurs. Ces derniers ne soupçonnent pas les possibilités qu'offre la photographie pour favoriser les contacts avec les indigènes. C'est probablement une fois sur place que, la magie photographique opérant, Chapuy prend conscience de son pouvoir pour approcher et pour séduire. De la même façon le missionnaire jésuite Marc Finaz apprendra quelques années plus tard à utiliser le daguerréotype pour obtenir une audience auprès de la reine malgache Ranavalona Ire. Dans les fréquentes relations épistolaires que les missionnaires se doivent d'entretenir avec leur hiérarchie, cette activité particulière est rarement mentionnée.

Dans ces cas précis l'utilisation du daguerréotype, extraordinaire à nos yeux, n'est en effet pas considérée comme prioritaire au regard de leur mission apostolique. Seules quelques lignes trouvées dans la correspondance et le journal de Chapuy[21] font état de cette pratique épisodique. Il mentionne pour la première fois dans son journal, le 29 décembre 1849 : "Daguerréotype toute la matinée." De cette séance de pose subsiste le plus ancien document photographique qui nous soit parvenu de Mélanésie[22]. Le lendemain, Chapuy réitère l'opération et tire le portrait du capitaine de la goélette affrétée par les missionnaires.

Il faut attendre une lettre du 4 février 1853, pour apprendre qu'avant cette date, il n'a réalisé que très peu d'images. Ce jour-là, il écrit à son supérieur : "Je pense pouvoir vous envoyer bientôt quelques portraits, vues, etc., qui probablement vous intéresseront. Si jusqu'à présent vous n'avez rien reçu de ce genre, ce n'était ni négligence ni oubli de ma part, mais bien parce que quelques

ANDRÉ CHAPUY, *Prosper Goujon et Koua-Vendegou, chef de l'île des Pins, vers 1850*. (9)

20. Paroisse qui s'étend du Mont-Dore à Nakéty.

21. Conservé à l'archevêché de Nouméa, son journal est présenté sous la forme d'une éphéméride qui, hormis quelques détails, ne révèle rien d'important. Elle est tenue irrégulièrement du 1er novembre 1849 au 5 janvier 1850, puis reprise le 29 septembre 1853 pour finir le 2 juillet 1856.

22. Après de longues recherches, les correspondances des missionnaires conservées chez les pères maristes, à Rome, ont livré les noms de toutes les personnes présentes sur le daguerréotype ainsi que la date de prise de vue : le 29 décembre 1849.

ANDRÉ CHAPUY, *"Ile des Pins, jeunes gens armés de lances"*, 1856-1862. (10)

travaux pénibles d'établissement et d'installation nous ôtaient toute pensée d'art." Il est probable que Chapuy tînt sa promesse. L'année suivante lui donne l'occasion de se fabriquer une nouvelle chambre noire et de prendre quelques vues.

Une lettre datée de février 1856 nous apprend que son activité photographique est alors des plus restreintes. Cette année-là, il tire le portrait du père Roulleaux, de passage dans l'île[23], et réutilise par économie une plaque daguerrienne dont la moitié a servi deux ans auparavant à prendre une vue de la mission. Dans le courrier qui accompagne cette double épreuve, il conseille au destinataire de trouver en France un spécialiste qui saura découper la plaque et réencadrer chacune des vues.

Il faut attendre plusieurs années avant qu'une nouvelle fois Chapuy n'évoque le sujet dans sa correspondance. En 1862, s'adressant à une bienfaitrice des missions, il écrit : "Mon cousin m'a dit que je ferais plaisir à beaucoup de monde si j'envoyais en France quelques portraits de naturels. Comme j'avais depuis longtemps la même pensée, j'ai profité d'un petit séjour que je viens de faire à l'île des Pins pour visiter mes instruments que je n'avais pas touchés depuis sept ou huit ans. Malheureusement, les quelques jours que j'ai consacrés à opérer n'ont pas été favorables : temps couvert, soleil brûlant par intervalles et toujours vent impétueux.

23. Parti en 1840 pour la Nouvelle-Zélande, le père Roulleaux fonde, en 1844, une mission mariste aux îles Fidji. C'est à l'occasion de son voyage de retour pour la France que la prise de vue a lieu.

ANONYME, *le père Goujon avant son départ pour les missions vers 1848.* (11)

ANONYME, *l'église du père Chapuy à l'île Ouen, vers 1880.* (12)

Vous reconnaîtrez tout cela aux arbres surtout. Malgré cela, malgré la vieillesse de mes drogues, je suis parvenu à faire en huit jours quarante-cinq épreuves. Je vous en envoie une partie, ou plutôt, je vous envoie tout ce qui me reste ; vous pensez bien que les plus près et les plus pressés se sont servis les premiers. J'ai mis sur les encadrements les adresses à mon idée mais si je n'avais pas réussi à adresser à chacun ce qui lui convient, vous pourrez faire des échanges et partager en bons frères et sœurs. Les épreuves que je vous envoie ne sont pas toutes parfaitement réussies, si j'avais consulté mon amour-propre d'artiste, passez-moi l'expression, j'en aurais mis quelques-unes de côté, mais j'ai pensé que j'allais vous priver et que vous aimerez mieux imparfait que rien ; je vous envoie donc tout ce dont je peux disposer.

"Il me reste encore quelques vues de notre mission, mais je ne puis les envoyer faute de cadres. Je dois vous dire que les encadrements me coûtent plus de travail que les épreuves elles-mêmes ; nous sommes dépourvus de papiers forts, de cartons, de verre, toutes

choses nécessaires pour encadrer. Vous verrez bientôt que la misère a présidé à mes encadrements, les verres sont des rognures de vitres et portant plein de défauts ; pour bien faire il faudrait faire changer tous les verres par un ouvrier adroit et soigneux, et me renvoyer tous mes mauvais. Je pourrais alors vous envoyer tout un second envoi, sans quoi je ne vois pas comment m'en tirer, toutes mes ressources étant épuisées.

"Les plus belles vues de la mission de l'île des Pins ne sont pas encore prises, j'aurais commencé par là si le temps me l'avait permis, et je vous ai déjà dit que tout le temps que j'ai opéré il a régné un vent à tout emporter, ainsi la partie est remise à plus tard."

Ce document riche d'informations confirme que Chapuy utilise encore les produits chimiques emportés en 1847 et que souvent plusieurs années se passent sans qu'il se serve de ses instruments. Les travaux d'établissement ont toujours pris le pas sur une activité qu'il ne considère que comme une agréable distraction. C'est seulement en quittant l'île des Pins qu'il prend conscience de l'urgence et de la nécessité de conserver la mémoire d'un monde qui se transforme irrémédiablement[24]. Durant quelques jours il se consacre uniquement à ce projet qui lui tient à cœur et obtient quarante-cinq épreuves, malgré des conditions climatiques défavorables. L'occasion de revenir compléter son reportage ne lui sera pas donnée. En 1862 Chapuy est l'un des derniers praticiens à utiliser le procédé daguerrien devenu obsolète. Il est possible que par la suite il se soit adapté aux techniques alors couramment utilisées et qu'il ait substitué aux plaques métalliques des plaques au collodion, mais aucune information ne permet de l'affirmer.

Sans aucune préoccupation mercantile, Chapuy fait de la photographie pour son plaisir et pour celui de son entourage. Il offre ses daguerréotypes ou les envoie à ses amis restés en France pour qu'ils puissent entrevoir le monde qui l'entoure et constater les progrès d'installation accomplis en quelques années. Chapuy n'a pas non plus de prétention artistique : chacune de ses photographies veut d'abord témoigner de la réussite de l'œuvre missionnaire à laquelle il a contribué. Premier praticien en Mélanésie, il participe à la grande histoire de la photographie. De son œuvre photographique infiniment précieuse ne subsistent aujourd'hui que deux daguerréotypes[25]. Les autres, dispersés au cours du temps, restent à découvrir.

ANDRÉ CHAPUY, *le père Goujon à l'île des Pins entouré de fillettes indigènes, vers 1850.* (13)

24. Les changements ont été spectaculaires depuis son arrivée. En 1850 les indigènes anthropophages et belliqueux sont encore hostiles à la religion. La présence de la mission est à peine tolérée. Les premiers baptêmes ont lieu en 1856 et en 1864 toute l'île est convertie.

25. Les autres documents reproduits dans cet ouvrage ne sont connus que grâce à des copies faites vers 1860 et conservées dans les archives romaines de la société de Marie.

La photographie à Port-de-France
1855-1865

LÉON ARMAND
"Le Styx et la Thisbé *au mouillage
de Port-de-France", 1858.* (14)

Naissance d'une colonie

La décision du gouvernement français d'annexer cette île située aux antipodes est en grande partie motivée par le projet d'y établir un bagne. Le contre-amiral Febvrier-Despointes a reçu l'ordre de hisser le drapeau national en deux points de l'île et d'établir sur chacun un poste militaire. L'amiral préside aux cérémonies de prise de possession qui ont lieu à Balade le 24 septembre 1853, puis à l'île des Pins trois jours après. Pour des raisons stratégiques aucun fortin ne sera construit sur l'île des Pins. Son successeur, le capitaine de vaisseau Tardy de Montravel, se met en quête d'un autre point d'ancrage favorable à la protection des navires. Après quelques investigations infructueuses, la vaste baie de Nouméa est découverte. Le 25 juin 1854, les premiers travaux d'aménagement du fort Constantine commencent. Le grand chef Quindo[26] s'y présente le 8 août et accepte pour son territoire la souveraineté de la France. En 1855, le chef de bataillon Coffyn dresse un plan de la future ville. Il projette, sur le papier, de construire en bord de mer et sur les marécages, des rues et des avenues parfaitement alignées. Durant de nombreuses années, Port-de-France demeurera une installation précaire, où les paillotes et les baraquements de bois et de tôle se construisent au flanc d'une colline couverte de hautes herbes et de niaoulis. C'est sous l'un de ces arbres que la première messe est célébrée le jour de Noël 1855 "en présence des officiers, soldats et marins, qui, à ce moment, composaient toute la paroisse". En novembre 1856 un officier note dans son journal[27] avoir recensé seize civils et cent treize militaires. La vie s'organise autour du fort Constantine et de sa garnison, mais au-delà l'insécurité règne et il ne fait pas bon s'éloigner. Le chef Kandio[28] et ses hommes harcèlent la bourgade : plusieurs colons et militaires sont tués. Sans projet bien défini la colonie végète. Le chef de bataillon Testard adresse au ministre un rapport, daté du 23 avril 1858, dans lequel il constate : "Il ne s'est pas encore présenté un seul colon sérieux en Nouvelle-Calédonie, il n'y existe en ce moment que des boutiques et des cabaretiers. Un seul homme fait exception et j'ai le regret de vous dire que c'est un Anglais : le sieur Paddon[29]."

26. Quindo ou Kuindo (1818-1857). La zone d'influence de ce chef traditionnel s'étend de Païta à la rivière des Pirogues. Il est présent le 23 juin 1854 lorsque Tardy de Montravel (1811-1864) fait hisser le drapeau français sur le futur site de Port-de-France. Le 3 novembre 1855, Quindo tente un coup de main sur la petite agglomération de 129 habitants. Durant l'année 1856 une guérilla fait de nombreuses victimes parmi les colons et les militaires vivant aux limites de la ville. Ce n'est qu'après l'assassinat de Bérard que le gouverneur Du Bouzet obtient sa soumission et exige qu'il livre ses deux héritiers. Ses proches le tueront pour cette trahison.

27. "Coup d'œil rétrospectif sur les premières années de l'occupation de la Nouvelle-Calédonie, 1855-1857." Notice attribuée au commissaire de la marine Emile Foucher.

28. Kandio, considéré comme l'assassin du colon Bérard, est fait prisonnier et livré aux autorités par le chef Titéma dit "Watom".
Il sera fusillé à Port-de-France le 29 août 1859.

29. James Paddon (1812-1861) achète l'île Nou vers 1845 et y installe un comptoir très actif, véritable ville qui comptera jusqu'à plusieurs centaines de travailleurs hébridais et environ une soixantaine d'Européens. Considéré comme le premier colon, Paddon aidera les maristes ainsi que l'administration française à s'installer en Calédonie. Il obtiendra en échange de l'île Nou une concession de 4 000 hectares à Païta.

EUGÈNE BOURDAIS, *"Nouvelle-Calédonie, Port-de-France, vue du sémaphore"*, *1858.* (15)

Le 14 janvier 1860, un décret impérial détache la Nouvelle-Calédonie des établissements français d'Océanie et lui attribue un gouvernement autonome. La population civile est alors de quatre cent trente-deux personnes dont une centaine de colons, la plupart installés aux abords immédiats de la ville. En juin 1862 arrive le gouverneur Guillain, un excellent administrateur qui organise les services spécialisés indispensables : ponts et chaussées, enregistrement, état civil, justice, affaires indigènes et immigration, etc. Une ferme-école est installée à Yahoué et sert de base expérimentale aux divers essais d'acclimatation des cultures vivrières. En 1863, les dernières statistiques dénombrent environ cinq cents civils et autant de militaires. Le 9 mai de l'année suivante, arrive à bord de l'*Iphigénie* le premier convoi de transportés composé de près de deux cent cinquante forçats. La Nouvelle-Calédonie devient une terre d'exil et de bagne, une sombre destination à la mauvaise réputation.

1856. Léon Armand, premier photographe à Port-de-France

Fils d'un capitaine de frégate, Léon Armand a tout juste vingt ans lorsqu'il pose sa candidature pour un poste d'écrivain de la marine. Il est engagé à Toulon le 27 juin 1855 et s'embarque aussitôt à bord du *Lavoisier* en partance pour l'Océanie. Le navire touche Tahiti le 23 février 1856. Léon Armand partage ses activités militaires entre Tahiti et la Nouvelle-Calédonie. Ces deux territoires, administrativement liés malgré les trois mille milles nautiques qui les séparent, sont placés sous les ordres d'un capitaine de vaisseau, gouverneur des établissements français d'Océanie[30].

L'intérêt que porte Léon Armand à la photographie se manifeste immédiatement, dès qu'il a quartier libre. De son travail peu de choses subsistent et la connaissance de son œuvre reste fragmentaire : un bois gravé[31] publié dans *L'Illustration* du 15 mai 1858 (son nom y est mentionné pour la première fois) ainsi que quelques épreuves anciennes contenues dans un album de voyage (vraisemblablement constitué par l'enseigne de vaisseau Mathieu[32]) sont les seuls documents qui nous soient parvenus. Dans cet album, le portrait de Bérard nous apprend qu'Armand exerçait

---

30. Le capitaine de vaisseau, le marquis Eugène Du Bouzet (1805-1867), arrive dans la colonie le 18 janvier 1855 à bord de *L'Aventure* et la quitte définitivement le 26 octobre 1858. Il terminera sa carrière vice-amiral.

31. "D'après une photographie de L. Armand, capitaine d'infanterie de marine." La légende est en fait erronée. Léon Armand est écrivain de la marine. Il est probable qu'il y ait confusion avec Louis Arnaud, capitaine d'infanterie de marine à Port-de-France.

32. D'après la légende *(M. Bérard, massacré avec ses compagnons [voir mon rapport])*, il semble que l'album ait appartenu à l'enseigne de vaisseau Mathieu chargé de l'enquête. Je dois ce renseignement à l'historien Georges Kling.

LÉON ARMAND, *"Quindo, chef calédonien"*, vers 1856. (16)

Découverte photographique de la Nouvelle-Calédonie, 1848-1900

LÉON ARMAND, *"Barechou, caporal de la 4ᵉ compagnie du 2ᵉ d'infanterie de marine", vers 1859.*
(17)

33. Il s'agit du fameux colon Théodore Bérard, ancien commissaire de la marine, qui en 1855 s'est installé comme colon à Port-de-France, puis au Mont-Dore où il a obtenu de l'administration une grande concession. C'est là qu'il est attaqué et tué avec vingt-six de ses employés par des Kanaks hostiles et inquiets de voir progresser l'installation européenne.

avant le 19 janvier 1857[33]. Les autres tirages nous permettent de faire quelques observations : Armand prépare lui-même ses négatifs au collodion dont le format 13 x 18 cm correspond à une demi-plaque daguerrienne ; les épreuves présentent de nombreuses imperfections. Elles figurent cependant dans l'album à cause de la difficulté à réaliser chacun des tirages. Le dossier personnel d'Armand conservé aux archives de la marine ne nous permet pas de suivre tous ses déplacements, mais il semble que, dès 1860, il réside à Tahiti de façon permanente. Malheureusement aucune photographie de cette période ne nous est parvenue.

Léon Armand revient en Nouvelle-Calédonie le 30 avril 1868 pour occuper un poste de sous-commissaire de la marine. Sa carrière l'accapare tout entier et seuls quelques dessins publiés dans

LÉON ARMAND, *"M. Bérard, massacré avec ses compagnons"*, 1856. (18)

LÉON ARMAND, *"Boitaouré", 1856-1859.* (19)

L'Illustration durant les années 1870 attestent de la survivance de son activité artistique. Apprécié de ses supérieurs et très bien noté, il gravit tous les échelons administratifs et termine au poste de directeur de la transportation. Il quitte définitivement la colonie le 29 janvier 1883.

Léon Armand est également un dessinateur prolifique. Il croque les scènes de la vie quotidienne avec talent. Grâce au journal *L'Illustration* dont il est correspondant, plusieurs de ses dessins reproduits sous forme de gravures sur bois nous sont parvenus. Certains croquis trouvés dans de rares albums de voyage portent sa signature. L'*Album Mathieu* présente l'un d'entre eux intitulé *Fête au pré Catelan*. Dans un autre album ayant appartenu à un marin de passage à Tahiti en 1858, on trouve un dessin représentant des danses tahitiennes juxtaposé à un portrait photographique légendé : *Autou, femme de Taïti*, qui laisse présumer d'une œuvre tahitienne.

Témoin de la naissance de la colonie, Léon Armand a le mérite d'avoir été l'un des précurseurs de la photographie en Océanie.

L'*Album Mathieu*

Ce document, découvert récemment, est le plus ancien album calédonien qui nous soit à ce jour parvenu. Il se compose de treize photographies d'une insigne rareté. Le choix des images, quoique limité, évoque des faits importants que le marin a voulu pérenniser. Deux vues nous présentent Port-de-France, localité du bout du monde où le hasard des affectations militaires l'a conduit. La première montre la ville constituée de quelques baraquements disséminés en bord de mer. La seconde représente la maison du "commandant particulier" : c'était à cette époque la plus belle habitation de la colonie. Viennent ensuite quelques portraits inédits dont deux figures historiques aux destins tragiques : Bérard et Quindo. Ces portraits sont d'autant plus émouvants qu'il semblait impossible qu'un photographe ait eu l'occasion d'approcher

LÉON ARMAND, *"Boitiarébandi"*, *1856-1859.* (20)

ces personnages. Le grand chef Quindo a cédé aux Français les terres sur lesquelles on bâtit Port-de-France. Sur ce portrait il nous apparaît bien mal à l'aise, engoncé dans une veste militaire étriquée. Sa mâchoire porte encore la cicatrice d'un coup de hache reçu dans son enfance – cette marque permet de l'identifier avec certitude. Un autre portrait pour le moins surprenant : celui d'un certain caporal Barechou[34], travesti lors d'une représentation théâtrale, témoigne des rares divertissements de la garnison ! Enfin une attention toute particulière est portée à la gent féminine indigène à laquelle sont consacrés les huit derniers portraits.

EUGÈNE BOURDAIS, *"Port-de-France, vue de la petite rade"*, vers 1858. (21)

1857. Eugène Bourdais, secrétaire du gouverneur

C'est à l'âge de dix-neuf ans qu'Eugène Bourdais se destine à servir dans la marine à l'exemple de son père, un ancien chirurgien. En janvier 1854, après neuf ans d'activité, il est promu aide-commissaire à la condition de servir dans les colonies. Deux mois plus tard, l'opportunité se présente et il devient secrétaire particulier du capitaine de vaisseau Du Bouzet, récemment nommé gouverneur des établissements français en Océanie, et qui commande la subdivision

---

34. Le portrait du caporal Barechou est réalisé après le 22 mai 1859, date à laquelle la 4e compagnie du 2e régiment d'infanterie de marine auquel il appartient arrive à bord de *La Provençale*.

EUGÈNE BOURDAIS, *mission de La Conception, vers 1858.* (22)

EUGÈNE BOURDAIS,
"Nouvelle-Calédonie, Balade, le blockhaus", 1857-1858. (23)

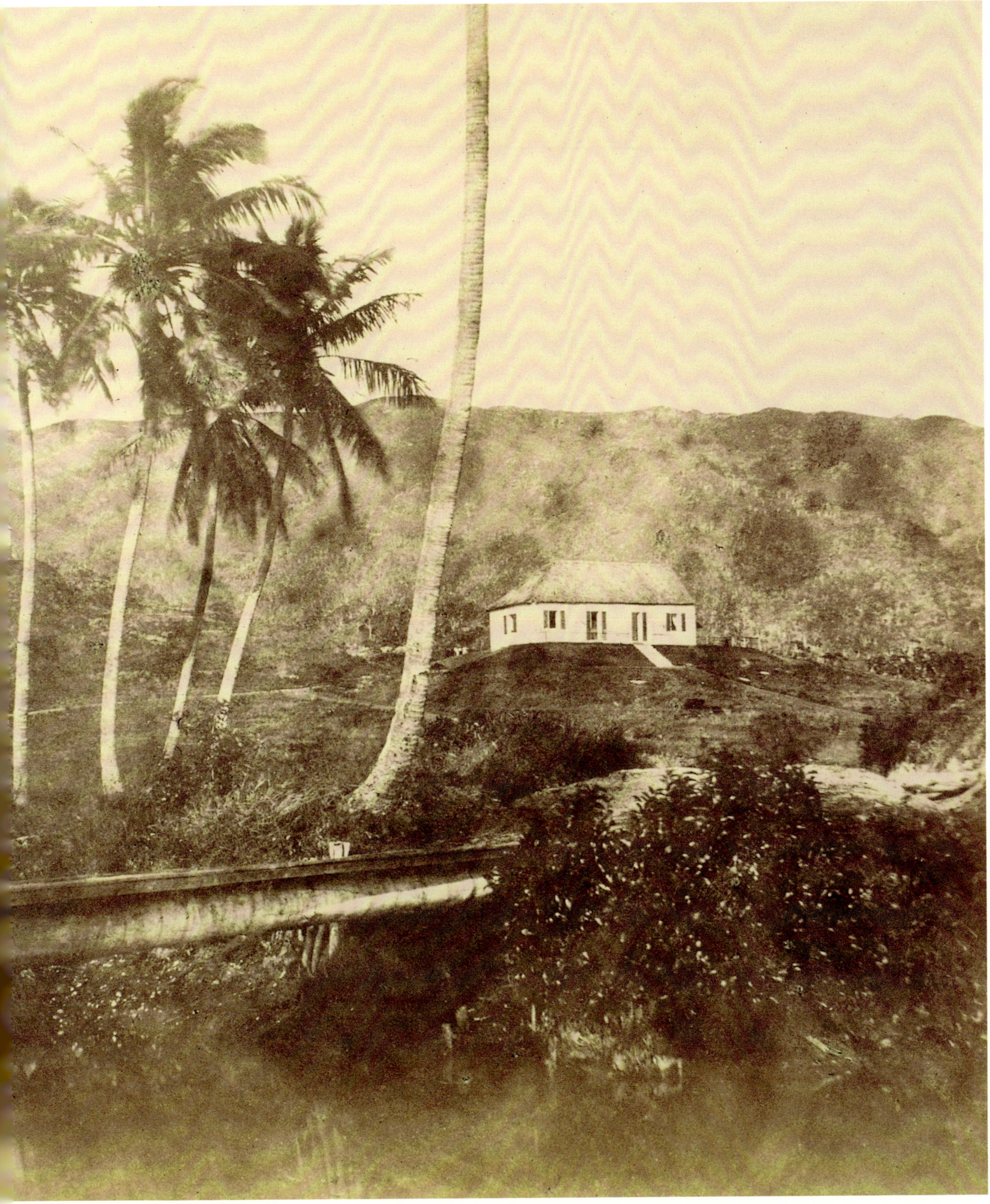

navale du Pacifique. Ils appareillent de Brest à bord de *L'Aventure* et, après une courte escale à Tahiti, le navire arrive en rade de Port-de-France le 18 janvier 1855. Bourdais accompagne son supérieur dans une longue campagne qui va durer quatre ans. Il est à ses côtés lorsque *L'Aventure* se perd sur les récifs de l'île des Pins, dans la nuit du 28 avril 1855. Il le suit encore lorsque Du Bouzet est obligé de retourner en France[35] pour rendre compte de la perte de son navire devant le tribunal maritime. Après avoir été acquitté à l'unanimité, Du Bouzet repart pour l'Océanie, toujours accompagné de son secrétaire. Ils séjournent à Tahiti dans les premiers jours de 1857 puis, à partir du 5 mai, ils sont de retour à Port-de-France. A l'occasion de ce second voyage dans les mers du Sud, Bourdais s'est muni d'une chambre noire de grand format et il profite de ses séjours à Tahiti et en Nouvelle-Calédonie pour s'adonner à la photographie. De son œuvre subsistent une dizaine de vues contenues dans un album offert au ministre de la Marine et des Colonies, Justin Chasseloup-Laubat.

L'*Album Chasseloup-Laubat*

Cet album contient les seuls témoignages connus à ce jour sur l'activité photographique d'Eugène Bourdais. Un ex-libris collé à l'intérieur de la reliure et gravé aux armes de Chasseloup-Laubat, ministre de la Marine et des Colonies, nous apprend que cet album lui a autrefois appartenu. L'album contient onze rarissimes épreuves : les quatre premières représentent des vues de Tahiti et les sept suivantes concernent la Nouvelle-Calédonie[36].
La première photographie calédonienne est prise à Balade, seul point d'ancrage utilisé à cette époque par la marine française. Cette vue est l'unique document que l'on connaisse du blockhaus de Balade : ce fortin édifié par les troupes de marine en décembre 1853 est le premier bâtiment officiel construit dans l'archipel. Le lieu est chargé d'histoire, car c'est là en effet qu'ont débarqué James Cook, de Bruni d'Entrecasteaux ainsi que les premiers missionnaires. C'est à cet endroit que se déroule également la cérémonie de prise de possession. Balade ne perd son importance qu'après la découverte du site de Port-de-France et seule une garnison de vingt hommes garde encore le fortin jusqu'à son abandon en 1859.

35. La fonction qui le lie au gouverneur nous permet de suivre ses déplacements. Du Bouzet quitte Port-de-France le 4 juin 1855, reste quelques mois à Tahiti, puis repart pour la France en février 1856. Il est de retour en Nouvelle-Calédonie le 5 mai 1857.

36. Sur la couverture, titrée en lettres d'or *Taïti et Nouvelle-Calédonie*. A l'origine cet album contenait 17 épreuves. Il manque les pages 1, 4 et 6 pour Tahiti ainsi que les pages 12, 13 et 14 pour la Calédonie.

La page suivante nous montre une vue cavalière de Port-de-France où les premières habitations se construisent là où se trouve le centre-ville de l'actuelle Nouméa. L'église Sainte-Clothilde inaugurée à Pâques 1858 permet de dater cette vue. Bourdais présente ensuite un autre cliché où figure le premier aménagement portuaire qui consiste en une plate-forme en pierre prolongée par un simple ponton de bois. Cette construction fait office de débarcadère et sera utilisée jusqu'à ce qu'un cyclone l'emporte en 1866. Il manque malheureusement trois pages dont il ne nous est pas possible de mesurer l'importance. Vient ensuite le portrait d'une femme de Nouvelle-Calédonie, vêtue de son seul pagne en fibres végétales. Trois autres clichés montrent successivement les missions maristes de Touho, de Wagap[37] et de La Conception[38] : des constructions sommaires entourées de quelques cases qui comptent parmi les toutes premières installations européennes. Bourdais a photographié ces sites à l'occasion d'un voyage autour de l'île avec le gouverneur.

Les photographies choisies pour figurer dans l'album offert au ministre représentent essentiellement des infrastructures militaires et missionnaires : témoignage du développement qui s'accomplit dans les territoires lointains d'Océanie où la présence française s'affirme jour après jour. Du Bouzet en est vraisemblablement le commanditaire. En offrant cet album, il permet à son ministre de tutelle de visualiser les territoires souvent décrits dans les rapports officiels et de faire valoir les réalisations accomplies sous son administration.

Bourdais est un praticien occasionnel. Il utilise les deux procédés alors en usage : le très beau procédé calotype[39] dont le négatif est un papier ciré et la méthode plus rapide du négatif en verre sur lequel s'applique le collodion. Il n'a pas encore réussi à surmonter les difficultés techniques qui l'obligent à retoucher la plupart de ses tirages. Bourdais a vraisemblablement réalisé très peu de photographies et la présence dans l'album de l'image intitulée *Vue de la petite rade* en apporte la preuve. Ce tirage révèle que le collodion est mal appliqué et le verre brisé ! Mais il figure malgré tout dans l'album destiné au ministre des Colonies, manifestant ainsi la précarité de son travail et la valeur de chaque épreuve. Bourdais rencontre les mêmes problèmes que son collègue Léon

37. Touho et Wagap, situées au nord de la Calédonie, sont respectivement créées en octobre 1853 et en août 1854. La mission de Wagap sera incendiée et dévastée en 1862.

38. La Conception, située à dix kilomètres de Port-de-France, est fondée en octobre 1855. Elle regroupe, comme à Saint-Louis, les premiers indigènes convertis afin de les protéger des persécutions. A partir de 1856, un poste militaire d'une vingtaine de soldats jouxte l'implantation.

39. Les manuels techniques de l'époque recommandent aux voyageurs l'emploi du procédé calotype. Le papier sensible est préparé à l'avance et peut, conservé à l'abri de la lumière, servir pendant plusieurs semaines.

Armand : tous deux utilisent des produits chimiques rendus instables par l'influence du climat. Les opérations de prise de vue et de développement nécessitent une grande attention et beaucoup de patience, des qualités parfois incompatibles avec les responsabilités militaires. A son retour en France, Bourdais se fait connaître auprès du journal *L'Illustration*. Un panorama de Papeete gravé d'après l'une de ses photographies paraît dans cette revue le 22 octobre 1859. Grâce à ce document son nom est parvenu jusqu'à nous.

1864. La première annonce commerciale

Le 27 mars 1864 paraît, dans l'unique journal de la colonie, *Le Moniteur impérial de la Nouvelle-Calédonie*[40], la toute première annonce concernant la photographie : "M. Richard informe le public que M. Ambroise Dremont, ex-artiste de Son Excellence le cardinal Morlot, donnera pour la première fois à Port-de-France, dimanche 4 avril à 2 heures de l'après-midi, une grande séance publique de photographie en prenant une vue pittoresque de la ville et de la rade dans leur entier. A partir de ce jour, MM. Richard et Dremont feront les portraits des personnes qui le désireront, ainsi que les groupes, et la reproduction des tableaux d'art… Leçons à messieurs les amateurs… Le

40. *Le Moniteur impérial de la Nouvelle-Calédonie*, journal officiel de la colonie, paraît pour la première fois en 1859. Ce n'est qu'en 1874 que des journaux indépendants seront publiés.

ANONYME, *Port-de-France, vue prise de la butte Conneau*, 1864. (24)

dimanche suivant, M. Dremont fera des expériences de nuit, telles qu'il en déjà faites à Paris."
Transporté par la frégate à voile *L'Isis*, Ambroise Dremont arrive le 9 février accompagné de sa femme et de ses trois enfants. Un certain M. Richard, vraisemblablement un commerçant local, parraine cette démonstration. La publicité est alléchante et l'on imagine aisément qu'elle ait attiré de nombreux curieux autour de l'opérateur. En vérité la lecture des articles parus dans le journal, les semaines suivantes, ne révèle rien qui relate l'événement. Compte tenu de la faible population, l'entreprise fait long feu. Dremont se retrouve par la suite crieur public… Il se signale une dernière fois en 1869 lorsqu'il tente, sans succès, de lancer un ballon captif[41], puis il disparaît sans laisser de trace.

ALBERT CANDELOT, *Port-de-France, la direction de l'artillerie, vers 1865.* (25)

41. Cet émule de Nadar n'a malheureusement pas l'envergure du "Géant".

1864. Les initiales E. M.

Nous avons retrouvé deux vues de Port-de-France datées de 1864. Leur petit format indique un amateur qui manie le collodion avec maladresse. Sur l'une d'entre elles, où figurent les initiales E. M., la bourgade est montrée sous un angle inhabituel. Le photographe s'est installé sur la butte Conneau, une colline qui se trouvait à l'époque en bord de mer avant d'être complètement rasée quelques années plus tard. Mais il est difficile d'identifier l'auteur… pourtant, en avril 1864, *Le Moniteur impérial de la Nouvelle-Calédonie* nous fait savoir qu'un certain E. Martin habite l'unique maison construite sur la butte Conneau. Il reste toutefois hasardeux d'établir un lien entre ces deux personnes.

1864. Albert Candelot

Après plus de trois mois de navigation, l'*Emile Pereire* en provenance du Havre arrive à Port-de-France le 15 novembre 1864. A son bord se trouve le jeune lieutenant d'infanterie de marine Albert Candelot, venu rejoindre son régiment stationné en Nouvelle-Calédonie. Cet officier a un goût prononcé pour les arts, il dessine dès que ses occupations lui en laissent la liberté.

ANONYME ANGLAIS, *le* Curacoa *et le* Falcon *en rade de Sydney, 1865.* (26)

Fier de ses premiers succès, il envoie quelques croquis au journal *Le Monde illustré* qui aussitôt publie sur une pleine page onze gravures de types et de paysages calédoniens[42] et rend ainsi hommage à ce correspondant inattendu. Albert Candelot aime également prendre des photographies. En 1866, il participe avec Evenor de Greslan à l'Exposition internationale de Melbourne où tous deux exposent[43]. Avant son départ, le 17 mars 1869, Candelot a l'occasion de côtoyer un autre photographe, un collègue de la marine, Ernest Robin. Certains indices laissent supposer qu'ils travaillent parfois ensemble[44]. A ce jour, seules trois de ses photographies, signées de ses initiales, nous sont parvenues.

1865. *H.M.S. Curacoa*

Le 30 septembre 1865, la frégate à hélice *Her Majesty Ship Curacoa* (commodore : Wiseman) pénètre dans la rade de Port-de-France. Ce bâtiment de la flotte britannique, accompagné par la corvette *Falcon*, termine une grande exploration du Pacifique qui l'a amené à visiter successivement les îles Samoa, Tonga, Fidji, Salomon et les Nouvelles-Hébrides[45].
A son bord, un officier chargé des opérations photographiques contribue à la très rare iconographie de cette époque en réalisant au cours de l'escale cinq clichés inédits.
L'événement donne lieu à des réjouissances : les officiers sont reçus au gouvernement où un grand bal est donné en leur honneur, les Anglais retournent cette invitation par un dîner à bord du *Falcon*. Durant leur séjour, les Anglais visitent la ferme modèle de Yahoué récemment créée par l'ingénieur agronome Boutan. Le photographe fait partie de l'escorte officielle. Il demande au gouverneur Guillain et à sa femme de poser au départ d'une calèche. Des vues de la ville sont prises à partir des jardins de la résidence, et la promenade vers Yahoué fournit l'occasion de deux autres clichés.
Le 8 octobre, les navires anglais quittent Port-de-France pour Sydney.

---

42. Le 10 mars 1866, quatre paysages, deux croquis de pirogues et cinq portraits de types calédoniens sont publiés.

43. La liste des envois à l'Exposition coloniale de Melbourne, publiée dans *Le Moniteur impérial de la Nouvelle-Calédonie* du 16 septembre 1866, mentionne une caisse contenant quatorze cadres de photographies appartenant à de Greslan et à Candelot, photographes.

44. Dans un album ayant appartenu à un certain Hubert de Sainte-Croix se trouvent rassemblés des clichés de Robin, d'Evenor de Greslan, ainsi que les trois photos signées Candelot. Dans un autre album appartenant aux collections de la Bibliothèque nationale (cote VH 391 *Souvenir de la Nouvelle-Calédonie par E. Robin, Nouméa 1869*), l'une de ces vues est cette fois signée par Robin.

45. Ce voyage est relaté en images dans un extraordinaire album de photographies conservé au Victoria & Albert Museum de Londres et dans une collection privée.

ANONYME ANGLAIS, *le gouverneur Guillain, sa femme et l'ingénieur Boutan, 1865.* (27)
en dessous : ANONYME ANGLAIS, *Port-de-France, la rue Sébastopol vue du gouvernement, 1865.* (28)

De Port-de-France à Nouméa
1866-1871

ERNEST ROBIN
"Nouméa, vue prise du sémaphore", vers 1868. (29)

Nouméa, la métamorphose

La confusion trop fréquemment faite entre Port-de-France et Fort-de-France à la Martinique oblige les autorités à changer le nom du chef-lieu. La ville portera désormais le nom indigène : Nouméa[46]. Les statistiques au 1er juillet 1866 recensent pour toute la population européenne de l'île environ deux mille individus[47]. Le gouverneur Guillain améliore l'organisation administrative et accomplit sa principale mission : installer un pénitencier sur l'île Nou en face de Nouméa. Un premier convoi de deux cent cinquante forçats arrive à bord de *L'Iphigénie*. L'année suivante ce seront trois autres navires. Ce rythme sera désormais régulier. L'administration pénitentiaire étend son implantation sous la devise "Réhabiliter, civiliser, produire". Le centre agricole de Bourail situé à plus de cent kilomètres au nord de Nouméa est créé en 1867. Guillain encourage également la colonisation libre. Une main-d'œuvre

46. La décision est officialisée le 2 juin 1866.

47. 1 060 individus sur l'ensemble du territoire dont 843 à Nouméa et ses environs, auxquels il faut ajouter 706 soldats des troupes d'infanterie de marine et 239 bagnards.

De Port-de-France à Nouméa, 1866-1871

créole et hébridaise est introduite pour permettre la mise en valeur de grandes concessions, attribuées à quelques colons dans le but de développer la culture de la canne à sucre. Pour favoriser le peuplement, tous les moyens semblent bons : un convoi d'orphelines de l'Assistance publique arrive de métropole, à la grande satisfaction des célibataires, largement majoritaires. Les premières rues du centre-ville sont tracées et les travaux d'assainissement des marais commencent. L'administration règle la constitution de la tribu indigène[48], tandis que l'autorité militaire réprime sévèrement les révoltes et les assassinats de colons. La traversée de la colonie par voie de terre est encore une grande aventure : seuls les navires côtiers assurent les liaisons entre les divers centres de colonisation. Quelques équipages figurent au menu des derniers repas anthropophages. Les investigations de l'ingénieur géologue Jules Garnier laissent entrevoir les richesses minières et autorisent de grands espoirs pour l'avenir du territoire.

ERNEST ROBIN,
panorama du bagne de l'île Nou, vers 1870. (30)

48. L'administration considère la tribu comme une entité à part entière.
Le chef kanak devient l'unique interlocuteur responsable auprès de l'autorité coloniale.

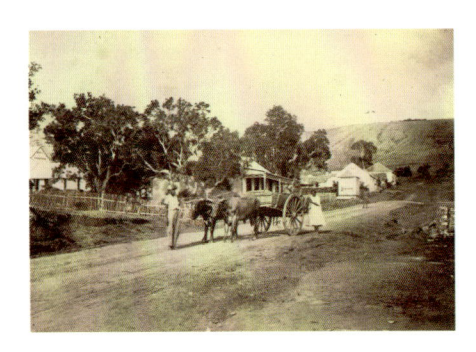

ERNEST ROBIN, *Nouméa, la rue de l'Alma, 1867.* (31)

ERNEST ROBIN, *panorama de Nouméa près du fort Constantine, vers 1867.* (32)

1866. Hermann Schroeder et John Arthur Guy

Le 30 janvier 1866, deux photographes itinérants arrivent de Sydney à bord du *Fulton*. Par voie de presse, ils annoncent au public qu'ils proposeront de tirer des portraits au format "carte de visite", cadres fournis. Leur travail terminé, ils repartent le 5 avril sur la *Bonite* à destination de Sydney où ils tiennent un studio sur George Street. La capitale australienne située à trois jours de mer est l'escale la plus proche de Port-de-France. L'idée de ce déplacement leur était sans doute venue lors d'une conversation avec des clients calédoniens venus poser dans leur atelier, faute de pouvoir se faire photographier à Port-de-France. Peut-être nos deux associés sont-ils régulièrement partis en tournée à travers les îles voisines, à la recherche d'une nouvelle clientèle. En 1869, Schroeder revient seul. Le 23 mai de cette année-là, il passe l'annonce suivante : "Hermann Schroeder, photographe, a l'honneur d'informer le public qu'il partira prochainement pour l'Australie ; en conséquence, les personnes qui désirent des portraits sont priées de profiter sans retard du peu de jours qu'il doit passer encore dans cette ville." Les affaires sont sans doute meilleures que prévu et notre photographe ne repart effectivement que le 29 octobre par la goélette anglaise le *Zéphyr*.

1866. Joseph Schoer

Mystérieux personnage, il arrive sur les quais de Nouméa le 14 juillet 1866 en tant qu'immigrant. La frégate *La Sibylle* le débarque : il est accompagné de sa femme et de ses cinq enfants. Le 29 juillet, un avis est publié par *Le Moniteur impérial de la Nouvelle-Calédonie* : "Le soussigné inventeur de la solution Schoer, dont les résultats ont été relatés par le journal *La Lumière* dans son numéro 39[49], prévient le public qu'il s'occupe de photographie à des prix très modérés. Signé J. Schoer chimiste." Le 12 août, il propose dans une nouvelle annonce des sirops, des limonades gazeuses et de l'eau de Seltz de sa fabrication. Il avertit les ménagères qu'il produit également de l'eau de Javel… Les publicités successives qu'il fait paraître laissent deviner son esprit d'entreprise. Les "Mouvements du port" hebdomadaires signalent qu'il se rend plusieurs fois en Australie durant les premiers mois de son installation. On perd ensuite sa trace. Une seule ligne dans *Le Moniteur impérial de la Nouvelle-Calédonie* du 20 juin 1869 annonce : "Décès de Joseph Schoer, quarante-deux ans, boulanger…"

Son œuvre est hypothétique, mais il est vraisemblable qu'il a réalisé quelques portraits occasionnels.

ANONYME, *"Rade de Nouméa, 15 août 1869"*. (33)

49. Marc Antoine Gaudin, chimiste et photographe de renom, rédacteur du célèbre journal consacré à la photographie *La Lumière*, essaie le bain d'argent Schoer et note qu'il possède la propriété de donner instantanément des négatifs avec l'acide gallique. Un compte rendu favorable est publié le 24 septembre 1853.

Découverte photographique de la Nouvelle-Calédonie, 1848-1900

1866. Evenor de Greslan

Lorsque de Greslan apparaît fin décembre 1865, il est accompagné de trente-sept ouvriers indiens de la côte Malabar, et avec eux, dans les cales du navire, tout le matériel nécessaire à l'installation d'une usine sucrière. Il dispose d'importants capitaux pour mener à bien ses desseins. Son choix pour la Calédonie s'inscrit dans un projet politique qui encourage l'émigration de colons réunionnais. L'île Bourbon traverse une grave crise économique. Un an auparavant, Louis Nas de Tourris, conseiller général de Bourbon, chargé d'une mission d'exploration en vue de créer une industrie sucrière en

ÉVENOR DE GRESLAN,
famille kanake en voyage, vers 1867. (34)

Nouvelle-Calédonie, a remis un rapport favorable et a jugé ces terres suffisamment fertiles pour y voir prospérer les plants de canne. Le gouverneur Guillain soutient et encourage l'entreprise en promettant une concession gratuite de cinq cents hectares aux propriétaires des deux premières sucreries opérationnelles. Evenor de Greslan s'installe à Nimba dans la vallée de la Dumbéa, où il crée une ferme modèle dotée d'un jardin botanique et d'un parc d'acclimatation. Il est récompensé de ses efforts et obtient la gratification promise en janvier 1871, lorsque son usine commence à fonctionner. Sa réussite sera de courte durée, comme celle des familles réunionnaises (Lecoat de Kervegen, de Tourris, Joubert et Lalande-Desjardin, etc.)

52

ÉVENOR DE GRESLAN, *"Kanacks cuisant des ignames, baie Lebris"*, 1867. (35)

50. Jules Garnier (1839-1904), chargé par le ministère de la Marine et des Colonies d'une mission d'exploration et de recherche de mines, parcourt la Nouvelle-Calédonie du 10 décembre 1863 au 22 juillet 1866.

51. La première partie du texte paraît dans le second semestre 1867, illustrée par vingt-neuf gravures dont dix-neuf d'après photographies. Leurs auteurs ne sont pas mentionnés. La plupart sont vraisemblablement prises par E. de Greslan et au moins une par Candelot auxquels le graveur emprunte les dessins reproduits dans *Le Monde illustré* du 10 mars 1866. La seconde partie du texte paraît au second semestre 1868, illustrée par douze dessins et vingt-six gravures d'après photographies (vingt-quatre par E. de Greslan et deux par E. Robin). Jules Garnier précise avoir visité la belle cascade de Bâ, "dont mon ami E. de Greslan m'a envoyé depuis la photographie". Il signale également qu'il a en sa possession un bien étrange document : il s'agit d'une photographie trouvée en France qui représente la tête du chef Kandio conservée dans de l'alcool et exposée dans un bocal au musée de Brest.

52. Sans aucune signification géographique, le mot brousse, en Nouvelle-Calédonie, signifie le "hors Nouméa". Les habitants de la brousse se nomment les broussards.

53. "Sortie le 21 octobre 1866 de la goélette *La Calédonienne* pour Kanala, Houagap, passager de Greslan" et il revient le 25 février 1867 à bord de l'aviso à vapeur *Le Marceau*.

ÉVENOR DE GRESLAN,
"Néo-Calédoniennes, vers 1867". (36)

qui verront en quelques années leurs cultures et leurs espoirs anéantis par les sauterelles.

Ce natif de la Réunion est un personnage hors du commun, un aventurier au bon sens du terme, pourvu de dons multiples et passionné d'agriculture. De Greslan est à l'origine de l'introduction de nombreuses espèces animales et végétales. Sa participation à l'œuvre de colonisation est considérable. Lui reste-t-il du temps pour être photographe ? Assurément. Le journal *Le Tour du monde* révèle son talent en 1867 lorsque est publié le récit de voyage de l'ingénieur des mines Jules Garnier[50], découvreur du minerai de nickel. Ce texte est accompagné de gravures sur bois réalisées d'après des photographies prises pour la plupart par Evenor de Greslan[51]. L'ingénieur Garnier rencontre Evenor de Greslan lors de son séjour calédonien et le décrit ainsi : "Admirateur passionné du beau et artiste plein de goût, il applique avec succès la photographie à la reproduction des scènes et des paysages de sa patrie insulaire, et c'est à lui que je dois d'avoir pu offrir au *Tour du monde* des images vraies du sol calédonien et des types réels de ses habitants indigènes." La justesse de cette appréciation est frappante : ses photographies sont en effet un savant dosage entre la curiosité ethnographique, la sensibilité artistique et un regard très humain dû à une faculté d'approche innée. Il laisse également à la postérité de très intéressants documents sur les mœurs des colons disséminés dans la brousse[52], telle la vue intitulée : *Préparation du trépang*. Il réalise entre le 21 octobre 1866 et le 25 février 1867 un voyage autour de l'île[53] et prend à cette occasion de nombreuses vues, notamment lors des funérailles de Titéma, dit Wattom, chef du district de Saint-Vincent qui meurt fin janvier 1867. Il semble que son activité photographique se soit tarie au début des années 1870. Sa passion agricole et les difficultés survenues en sont sans doute la cause. Il est fort probable qu'il photographie sa famille et sa propriété, mais sur place aucun document ne subsiste. Ses descendants se sont dispersés et sa maison, vendue plusieurs fois depuis, a été la

ÉVENOR DE GRESLAN, *"Réunion des chefs de Bouraye"*, 1867. (37)

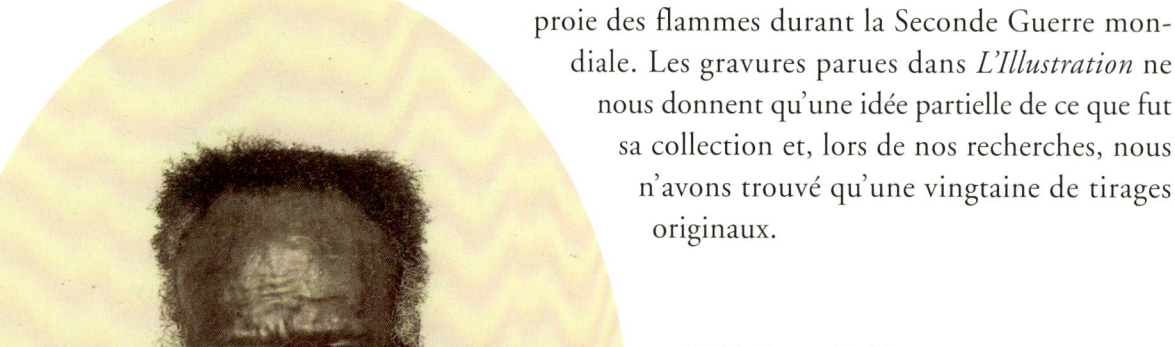

ERNEST ROBIN, *Titéma dit Wattom, chef des Houassios, côte sud-est*, 1866. (38)

54. Malgré l'augmentation du trafic maritime la clientèle potentielle reste limitée comme l'indique la statistique "Tableau de la population blanche" au 1er juillet 1866 : 629 adultes de plus de 14 ans et 214 enfants pour la région de Nouméa. Parmi cette population : 646 Français, 130 Anglais, 44 Allemands, 4 Prussiens, 8 Italiens, 2 Suisses, 4 Espagnols, 2 Américains, 1 Belge, 1 Bavarois, 1 Chilien.

proie des flammes durant la Seconde Guerre mondiale. Les gravures parues dans *L'Illustration* ne nous donnent qu'une idée partielle de ce que fut sa collection et, lors de nos recherches, nous n'avons trouvé qu'une vingtaine de tirages originaux.

1866. Ernest Robin, écrivain de la marine

La goélette *La Calédonienne*, venue de Sydney en neuf jours, arrive dans le port de Nouméa le 11 septembre 1866. L'un de ses passagers, Ernest Robin, né au Havre, vient de passer plusieurs années en Angleterre puis en Australie lorsqu'il décide de tenter sa chance en Nouvelle-Calédonie. Si l'on en croit son emploi du temps, son projet d'installer un atelier de photographie a été longuement mûri. En effet, deux mois après son arrivée, il se dirige vers le Nord calédonien et réalise son premier reportage photographique à Gatope où un poste militaire vient d'être construit. Puis, le 12 décembre, il repart pour l'île des Pins, bien déterminé à constituer rapidement une collection de vues. Encouragé par ses premiers résultats, il s'embarque de nouveau le 24 avril 1867 pour un grand tour de l'île. Dès son retour, trois mois plus tard, il informe le public par voie de presse qu'il rapporte une abondante série d'images[54]. Ses nombreuses escales sont autant d'occasions de pénétrer au cœur des tribus côtières pour mener une véritable enquête ethnologique et saisir ce qu'a de pittoresque la vie kanake. Les photographies qu'il rapporte sont d'une beauté saisissante. Lorsqu'en octobre 1867 des troubles ont lieu dans la région de Pouébo, où deux gendarmes viennent d'être assassinés, Robin, profitant de l'occasion, annonce dans *Le Moniteur impérial de la Nouvelle-Calédonie* qu'il possède les portraits des victimes ainsi que des vues de cette localité. L'année suivante il se dirige vers la région de Dumbéa et plus particulièrement sur la propriété sucrière de Koé où il fait poser des travailleurs hébridais.

Malgré tous ses efforts, les revenus de son activité de photographe restent insuffisants[55]. Il sollicite un poste d'écrivain de la marine et débute le 25 décembre 1868 une carrière dans l'administration militaire de la colonie. Intelligent et zélé, apprécié par ses supérieurs, il occupe diverses fonctions qui vont lui permettre de gravir tous les échelons de la hiérarchie. Parallèlement à sa fonction, Robin n'en oublie pas pour autant la photographie. En 1869, dans la région de Saint-Vincent, il prend des vues d'un autre grand domaine sucrier, la propriété de Kervégen, ainsi que des vues du poste militaire de Coentempoé. Il réalise encore de somptueux clichés sur les indigènes de la région et plus particulièrement au village de Bangou. En 1871, il passe quelques jours à Canala et à Bourail. Il se désintéresse peu à peu des indigènes déjà abondamment photographiés pour donner la priorité aux transformations de la colonie. Il est l'auteur du premier reportage consacré au bagne de l'île Nou dont il photographie les installations avant 1870. Il prend également quelques vues du pénitencier de Ducos en 1873 et nous laisse quelques clichés des grands travaux en cours tel que l'aménagement d'une route muletière menant d'Ouarail à Canala (1874-1875). D'autres vues concernent la construction de la conduite d'eau qui alimente en eau potable la ville de Nouméa (1875). Il réalise au fil des ans d'impressionnants panoramas de Nouméa dont certains sont pris du fort Constantine. Ses dernières vues, consacrées aux équipements portuaires de Nouméa, datent de l'année 1879. Il quitte définitivement la Nouvelle-Calédonie en mars 1881.

ERNEST ROBIN, *homme d'Ouvéa, vers 1870.* (39)

55. Par une annonce parue dans *Le Moniteur impérial de la Nouvelle-Calédonie* du 24 novembre 1867, Robin informe sa clientèle que l'on trouvera ses photographies chez M. Rolland négociant. Il ne possède donc pas de boutique.

ERNEST ROBIN
"Pirogue de la rivière de Monéo", 1867. (40)

E. Robin

ERNEST ROBIN, *"Case du chef Mango après un cyclone"*, 1866. (41)

ERNEST ROBIN, *"Kanacks de Kanala devant le vieux tabou de Gélima, côte est"*, 1867. (42)

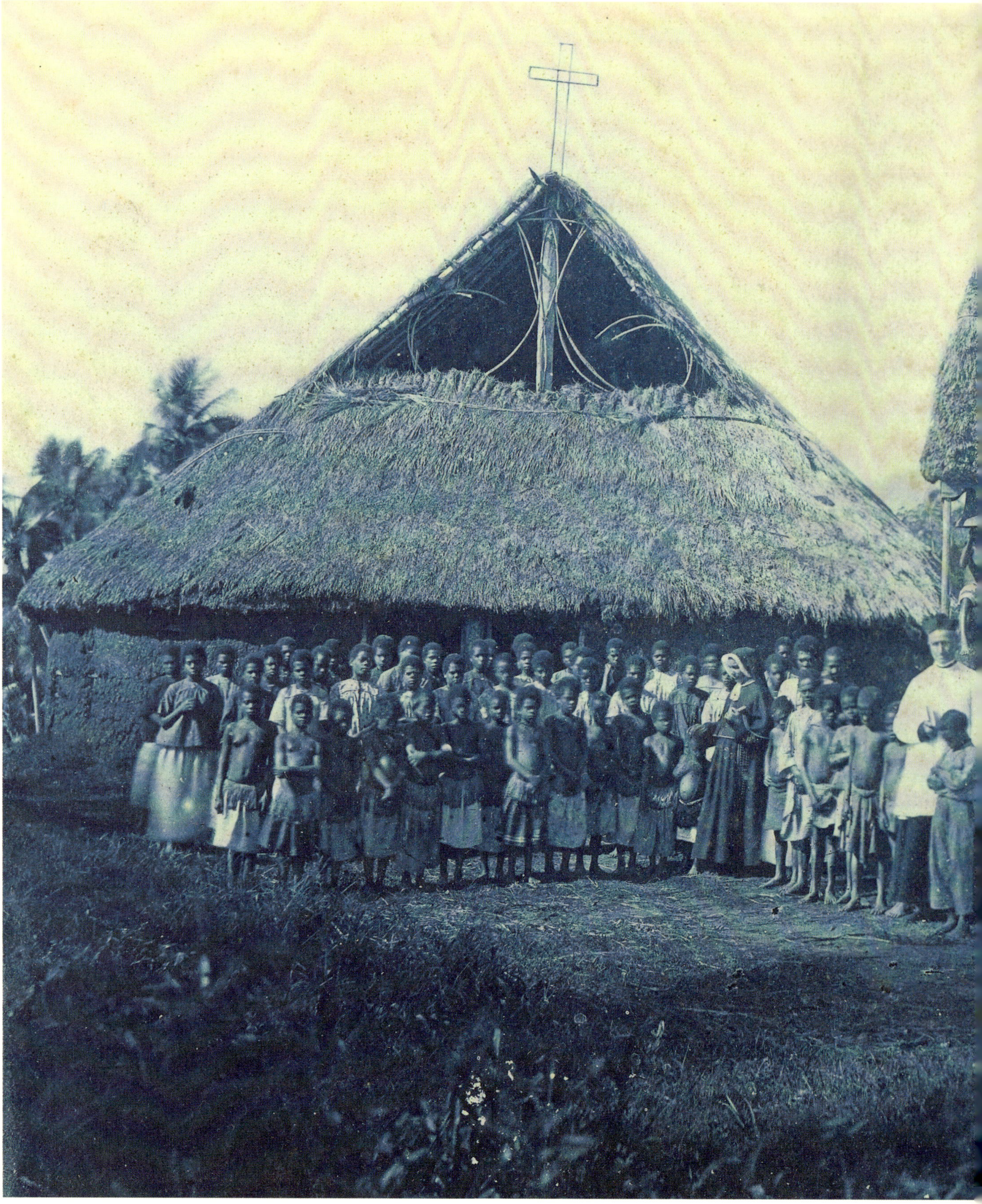

ERNEST ROBIN, *"Sortie de messe à Pouébo, côte nord-est"*, 1867. (43)

ERNEST ROBIN, *"Femmes de la tribu de Néfoué"*, vers 1870. (44)

ERNEST ROBIN, *"Cascade de Bâ, baie Lebris, côte est"*, 1867. (45)

Les ateliers professionnels
1871-1900

ALLAN HUGHAN
Portrait du grand chef Kaké, vers 1875. (46)

1870-1900. L'avenir reste incertain…

En 1870 le gouverneur de La Richerie succède à Guillain. La colonie reste sous la juridiction de l'administration militaire[56]. Les nouvelles des désastres de la guerre franco-prussienne et la capitulation de l'empereur ne parviennent que deux mois plus tard. Les conséquences de l'insurrection populaire de la Commune de Paris vont bouleverser la vie de l'archipel car les tribunaux versaillais décident d'envoyer en Nouvelle-Calédonie les communards rescapés des purges sanglantes. Le 29 septembre 1872, les premiers déportés arrivent à bord de la *Danaé* : certains sont soumis au régime de droit commun et partagent le sort des bagnards de l'île Nou ; d'autres, astreints à l'enceinte fortifiée, sont conduits à la presqu'île Ducos ; enfin les plus nombreux sont acheminés vers l'île des Pins[57] où la vie des exilés s'organise sur les quatre communes délimitées par l'administration. Chacune est un petit village avec ses commerçants, ses artisans et ses cultivateurs ; une imprimerie lithographique publie même des journaux illustrés. Lorsque leur amnistie est votée en 1879, la plupart des trois mille neuf cents communards retournent en France. L'histoire a retenu les noms des plus célèbres d'entres eux : Henri Rochefort et Louise Michel.

La colonisation libre piétine[58]. La culture de la canne à sucre promise au plus bel avenir est menacée par les invasions de sauterelles et les cyclones dévastateurs. En 1870, des chercheurs d'or découvrent le premier filon exploitable : l'espoir se porte alors sur les mines. L'entreprise est de courte durée, mais les prospections mettent au jour les potentialités minières du pays. En 1874, le cobalt et surtout le nickel découverts en quantité font souffler un vent de folie sur la ville.

Des hauts fourneaux sont construits et les premières mattes de minerai sont fondues en 1877. L'optimisme est de courte durée car cette même année la banque Marchand, l'unique établissement financier récemment installé, entraîne par sa faillite de graves perturbations dans l'économie locale. Le domaine agricole de l'administration pénitentiaire et ceux des colons empiètent de plus en plus sur les terres mélanésiennes et provoquent l'exaspération des indigènes. En juin 1878,

---

56. Le premier maire de Nouméa, nommé par l'administration, prend ses fonctions en octobre 1874 et les premières élections municipales se déroulent en 1879. Il faut attendre 1884 pour voir nommer le premier gouverneur civil, M. Le Boucher.

57. Il existe une cinquième commune, réservée aux déportés de la révolte des Kabyles, en 1871. Selon les statistiques publiées dans la notice sur la déportation, sept communards se disent photographes de métier.

58. En 1876, la Calédonie possède toujours moins de colons (2 753) que de fonctionnaires et de soldats (3 032).

Les ateliers professionnels, 1871-1900

ALLAN HUGHAN,
Nouméa, la ville vue du sémaphore, vers 1873. (47)

dans la région de La Foa, un soulèvement de plusieurs tribus fait plus de deux cents victimes parmi les colons. L'atrocité des massacres entraîne une répression impitoyable. L'autorité militaire, aidée par des tribus alliées, se mobilise pour mater la révolte qui fera près d'un millier de victimes chez les Mélanésiens[59]. La lutte durera plusieurs mois et prendra fin à la mort du chef des insurgés, Ataï.

Dans les années 1880, le prix du nickel chute et entraîne une crise qui durera plusieurs années. L'élevage reste la principale activité. Les rares colons, à peine remis du traumatisme de la révolte indigène, se sentent isolés. Les voies de communication entre le chef-lieu et les centres de brousse sont inexistantes et tout le fret transite par mer. Le gouverneur, le capitaine de vaisseau Pallu de la Barrière, prend l'initiative d'aménager le réseau routier à l'aide de la main-d'œuvre pénitentiaire et fait réaliser en vingt

59. Les tribus révoltées verront leurs terres confisquées et leur population obligée de s'exiler dans l'île des Pins et aux Béleps.

ALLAN HUGHAN, *Nouméa, la banque Marchand et les marais du centre-ville, vers 1873.* (48)

60. La seule route alors praticable, longue de trente kilomètres, avait été commencée en 1861 : sa construction avait duré vingt ans.

61. Près d'un millier en bénéficieront. Les libérés sont des condamnés ayant purgé leur peine mais astreints à résider dans la colonie pendant un temps équivalent à celui de leur condamnation. Si celle-ci est supérieure à huit ans, la résidence obligatoire est perpétuelle (loi du 30 mai 1854, art. 6).

62. Marc Le Goupils, *Comment on cesse d'être colon*, Paris, 1910.

mois soixante kilomètres de routes et trois cent quatre-vingt-dix kilomètres de sentiers muletiers[60]. En janvier 1883, un paquebot des Messageries maritimes inaugure la ligne Marseille-Nouméa. Il suffit désormais d'un mois pour relier la Calédonie à la métropole. Lorsqu'en 1884 un gouverneur civil est nommé, la gestion du territoire échappe à la mainmise militaire et l'année suivante un conseil général est instauré. L'administration pénitentiaire reste malgré tout omniprésente, véritable Etat dans l'Etat, à l'apogée de sa puissance. Son domaine s'étend sur cent dix mille hectares et sa juridiction sur plus de sept mille forçats. Son principal souci est la réinsertion des condamnés qui une fois libérés sont installés sur des concessions[61]. L'administration pénitentiaire s'occupe de tout : elle ouvre des établissements agricoles pour apprendre les rudiments du métier aux futurs colons, elle favorise les mariages des célibataires en expédiant à leur intention des femmes détenues dans les prisons françaises… puis elle instruit leurs enfants dans des écoles pénitentiaires où l'emploi du temps se partage entre la classe et les travaux des champs. "C'est des besoins du bagne, à l'ombre du bagne, qu'est né le commerce calédonien", dira quelques années plus tard un colon désabusé[62]. A Nouméa, en 1887, cent soixante commerçants paient la patente.

ALLAN HUGHAN, *"Camp de l'infanterie de marine, Bourail"*, 1874. (49)

En 1894, arrive le nouveau gouverneur Paul Feillet[63], un homme énergique et volontaire qui est persuadé de la vocation agricole de la colonie et a deux grands projets : favoriser l'immigration libre et arrêter au plus vite l'arrivée des forçats. Selon lui, "le robinet d'eau sale a assez coulé". Il a l'appui du ministre des Colonies qui déclare à la Chambre des députés qu'on n'enverra plus en Calédonie ni transportés ni relégués. A grand renfort de publicité, Feillet encourage l'émigration de familles rurales vers cette France australe : cinq cents nouvelles familles s'implantent en brousse pour y cultiver essentiellement du café. En 1897, près de la moitié de la superficie du domaine pénitencier est attribuée à la colonisation libre et une dizaine de centres de brousse[64] sont créés. Le 9 avril 1897 a lieu dans la salle de l'hôtel de ville la première séance de cinématographe. En 1900 la population du chef-lieu s'élève à près de sept mille personnes[65].

1871. Allan Hughan

Lorsqu'il aborde pour la première fois la Calédonie en 1869, Allan Hughan accompagne de petits navires marchands qui acheminent du fret depuis Sydney jusqu'à Nouméa, puis repartent faire du troc le long des côtes calédoniennes et des îles Loyauté. Hughan commande la goélette le *Pilot* lorsque son bateau s'échoue en septembre 1870 sur les récifs à Yandé. Cet événement va changer le cours de sa vie. Dans un article, publié dans le *Sydney Morning Herald*, il relate les circonstances de la perte de son navire. Les secours qu'il reçoit lui sont prodigués avec un tel empressement qu'il décide de s'établir avec sa famille dans cette accueillante colonie. Quelques mois plus tard, sa femme et ses deux filles sont à Nouméa ; elles s'adaptent très vite à leur nouvel environnement en participant activement à la vie sociale de la petite bourgade[66].

Hughan ne perd pas de temps. Le 7 juin 1871, il fait paraître sa première annonce commerciale dans laquelle il propose déjà des vues de Nouméa et de ses environs. Puis en octobre il est à même de fournir des portraits au format "carte de visite". Il est à cette époque le seul professionnel patenté.

---

63. Le gouverneur Paul Feillet (1857-1903) s'impliquera dans le développement de la colonie comme aucun de ses prédécesseurs. Son administration qui durera de 1894 à 1903 restera dans les mémoires pendant plusieurs décennies.

64. Terme utilisé pour désigner un village de colonisation. Près de deux cents familles échouent et repartent le plus souvent vers l'Australie.

65. Population civile européenne : 2 300 ; personnel administratif militaire et pénitentiaire et leurs familles : 1 200 ; population pénale : 2 700 ; Océaniens et Asiatiques 500 ; indigènes : 300. En brousse : colons, commerçants, mineurs : 4 000 ; personnel administratif militaire et pénitentiaire : 800 ; transportés : 1 600 ; libérés : 3 500 ; main-d'œuvre étrangère sous contrat : 3 900. La population mélanésienne était d'environ 26 000 indigènes en 1885 et d'environ 17 000 en 1911...

66. Au mois d'avril 1871, *Le Moniteur impérial de la Nouvelle-Calédonie* fait paraître une souscription en faveur des victimes de la guerre contre la Prusse. Mme Hughan s'occupe de recueillir les dons des dames anglaises. La famille Hughan s'adapte d'autant plus facilement que la "colonie britannique" est nombreuse et bien organisée : des réunions d'artistes, des bals, des concerts et des matchs de cricket rythment la vie nouméenne.

ALLAN HUGHAN, *"Campement de déportés, île des Pins"*, 1872. (50)

ALLAN HUGHAN, *case d'un déporté tourneur sur bois, île des Pins*, 1876. (51)

67. La *Danaé*, la *Guerrière* et la *Garonne* venaient de transporter plus de 1 100 condamnés. Les traversées duraient en moyenne quatre mois.

Premiers reportages

En novembre 1872, le gouverneur de La Richerie part pour l'île des Pins inspecter l'installation des déportés de la commune. Soucieux d'illustrer ses rapports, il fait appel à Hughan qui trouve ainsi l'opportunité de constituer un remarquable reportage sur l'arrivée des premiers convois de communards[67]. L'un de ses clichés intitulé *Campement des déportés à l'île des Pins* compte parmi les plus belles réussites de son œuvre photographique. Cette image impressionnante nous montre des hommes qui, après avoir été enfermés plusieurs mois dans des cages de fer à bord des navires de guerre, vivent leurs premières journées d'exil.

Les autres vues sont consacrées au débarquement des prisonniers ainsi qu'à la troupe chargée de leur surveillance. En quelques images, Hughan saisit l'essentiel : l'absolu dénuement de ces hommes déracinés. Le reportage satisfait son commanditaire qui autorise Hughan à se présenter comme "photographe du gouvernement". A la même époque, un homme d'affaires, André Marchand, envisage de fonder une banque et lui passe commande de nombreux tirages qui serviront à illustrer un album intitulé *Souvenir du voyage de la mission d'exploration envoyée en Nouvelle-Calédonie, 1870-1871*[68]. Cette luxueuse brochure publicitaire, composée de photographies originales, est offerte à toute personne susceptible de favoriser son projet.

ALLAN HUGHAN,
"Concessions de déportés à l'île des Pins", 1876. (52)

68. L'*Album Marchand*, relié en France par la maison Pierson, contient quelques vues d'Australie et d'Aden. Les vues de la Calédonie sont de Hughan (mission de Vao et communards à l'île des Pins et à Ducos) qui contretype à cette occasion quelques clichés de Robin (gendarmerie de Bouloupari et usine Joubert à Koé).

Un voyage inspiré

En 1874, Hughan ressent le besoin d'enrichir sa collection de vues nouvelles et de proposer des images inédites aux amateurs. Dans les premiers mois de l'année 1874, il s'organise et part pour une expédition qui durera trois mois[69]. Muni d'une lettre de recommandation, il bénéficie de la bienveillance des autorités militaires qui lui assurent un soutien logistique. Jour après jour, pas à pas, il découvre l'intérieur de son nouveau pays et se passionne pour son sujet. Une frénésie

ALLAN HUGHAN, *troupe d'infanterie de marine en garnison, vers 1874.* (53)

photographique s'empare de lui et son stock de plaques semble inépuisable. Il consacre de nombreux clichés aux habitants des tribus traversées, ainsi qu'aux rares représentants de la civilisation occidentale qui s'enracinent dans les lieux les plus isolés et vivent disséminés à travers l'île. Il fixe sur le collodion leurs premières réalisations : des usines, des plantations et des exploitations minières. Aucun site remarquable, aucun recoin pittoresque de ce luxuriant pays n'est oublié. Chaque étape l'inspire et il rapporte de cette tournée en brousse la plus belle et la plus importante moisson d'images jamais réalisée en Calédonie. Hughan est alors à l'apogée de ses capacités.

69. Il est à bord du *Cher* et accompagnera le gouverneur jusqu'à l'escale de Bourail.

Les ateliers professionnels, 1871-1900

L'année 1876 lui donne l'occasion de retourner à l'île des Pins, de compléter son premier reportage sur la déportation. La condition des prisonniers s'est améliorée et, malgré la retentissante évasion de Rochefort, une relative liberté leur est accordée. Certains cultivent un lopin de terre, d'autres font du négoce et tiennent boutique. De nombreux artisans du faubourg Saint-Antoine ont retrouvé leur activité de menuisiers et de tourneurs sur bois. Hughan nous laisse un captivant témoignage de leur éphémère installation. Il visite aussi leurs discrets voisins d'exil, les Kabyles déportés après leur révolte en 1871.

ALLAN HUGHAN, *les Kabyles déportés, cinquième commune, île des Pins, 1876.* (54)

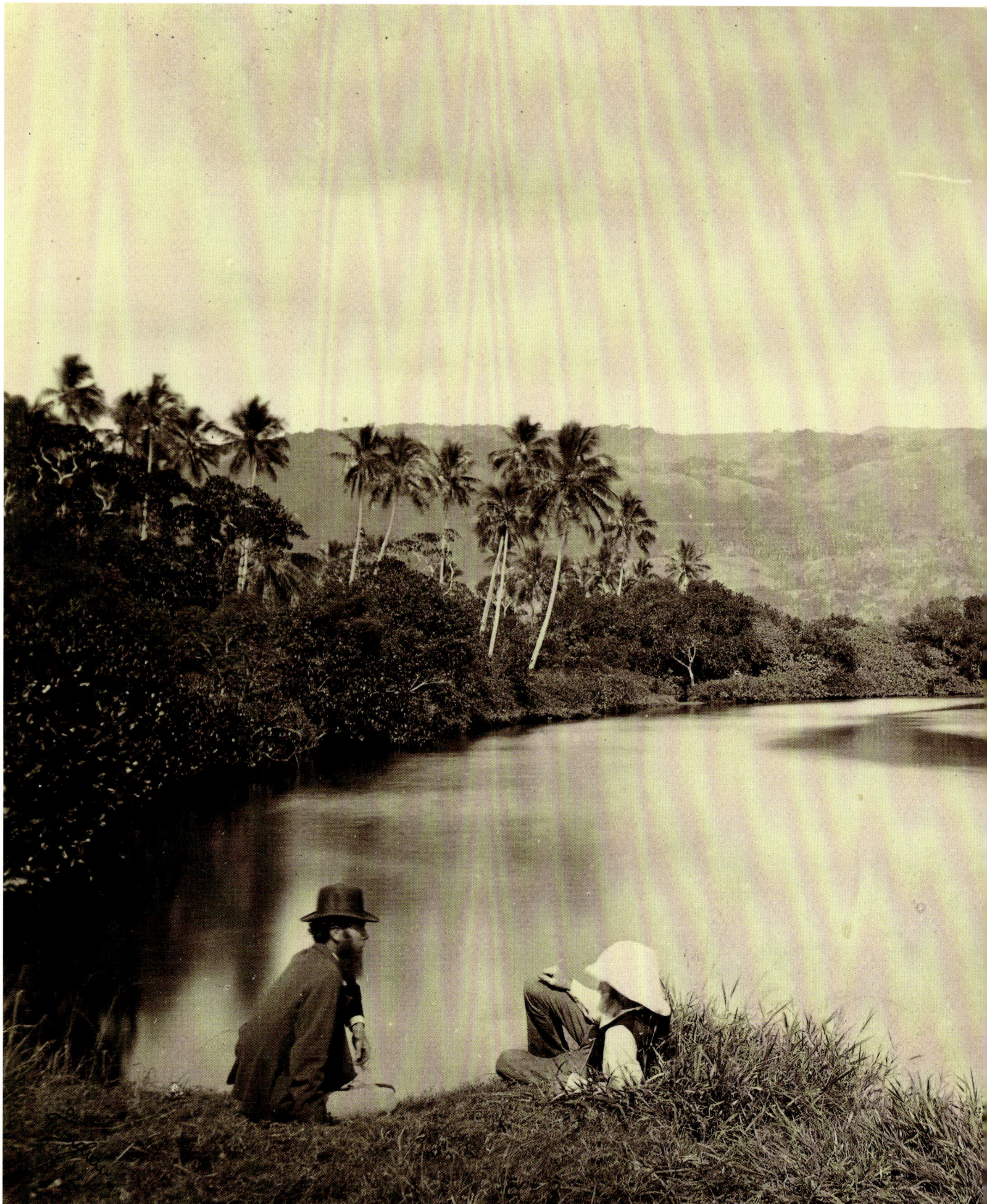

ALLAN HUGHAN, *autoportrait avec le colon Laurie à Canala, 1874.* (55)

ALLAN HUGHAN, *"Une halte à Ouarail"*, 1874. (56)

ALLAN HUGHAN, *"Forêt à Kouindi, chaîne centrale"*, 1874. (57)

ALLAN HUGHAN, *tribu du chef Nondo à Canala, 1874.* (58)

ALLAN HUGHAN, *"Case du chef Gélima à Canala"*, 1874. (59)

ALLAN HUGHAN, *"Mine de cuivre à Balade"*, 1874. (60)

ALLAN HUGHAN, *"Séchage du café, propriété Laurie à Canala"*, *1874.* (61)

ALLAN HUGHAN, *pirogues du chef Samuel à Vao, île des Pins, 1876.* (62)

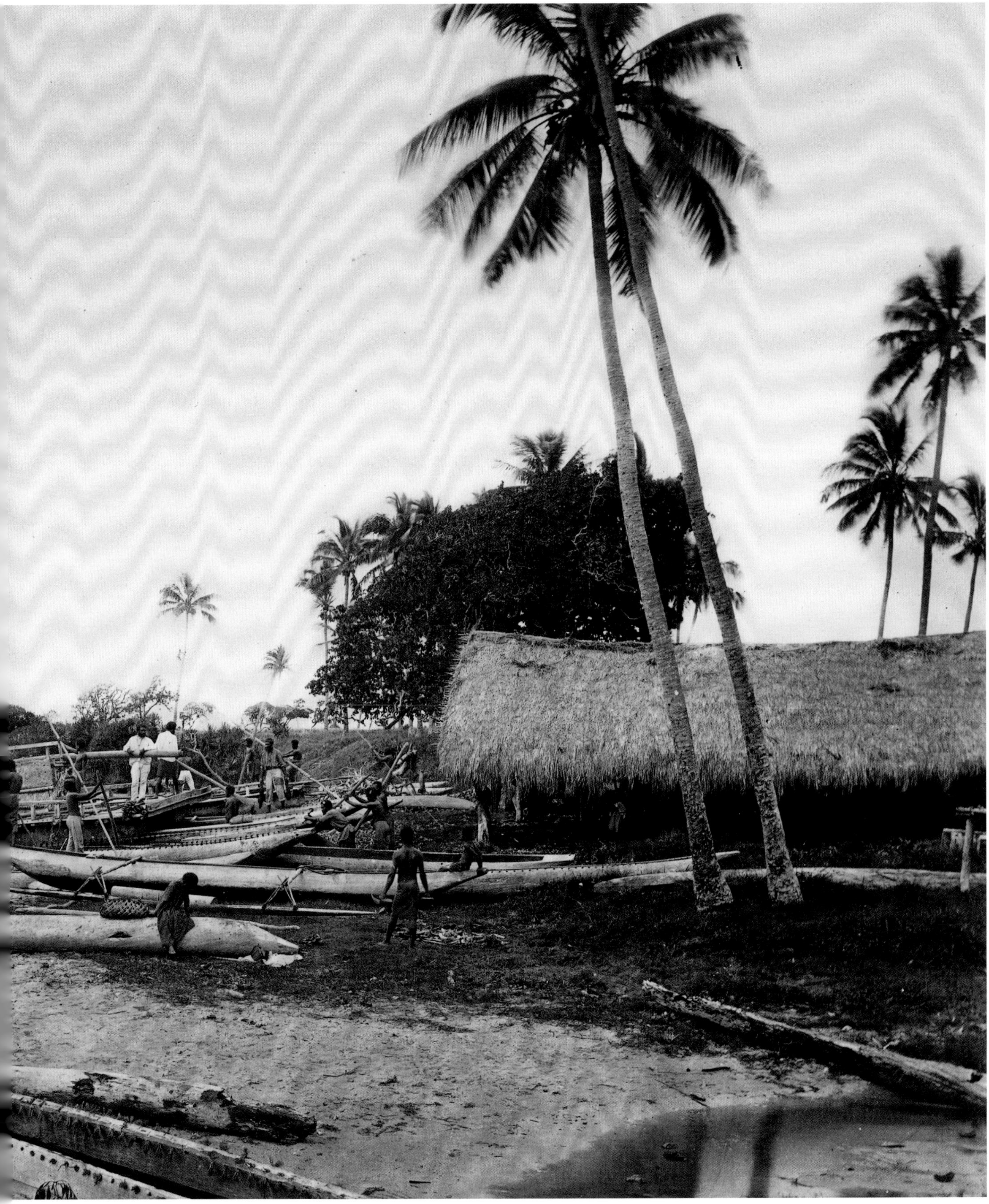

ALLAN HUGHAN, *"Mission de Vao, sortie de messe"*, 1876. (63)

ALLAN HUGHAN, *boulevard du crime, pénitencier de l'île Nou*, 1877. (64)

70. Kanendjo, dite la reine Hortense (1848-1883), reine de l'île des Pins. Eduquée par les sœurs et soutenue par l'administration française, elle épousera Ti Samuel, fils de l'ancien régent. Elle abdiquera en 1883 et se retirera à Saint-Louis.

Plusieurs journées sont consacrées à photographier l'autre partie de l'île où les Mélanésiens se sont repliés. Hughan rencontre la reine Hortense[70] et son mari Samuel, et tous deux se prêtent aimablement aux séances de pose. Samuel profite de la circonstance pour exhiber ses richesses : une exceptionnelle hache ostensoir et d'immenses pirogues de guerre qui, ayant participé tant de fois à de sanglantes expéditions sur la "Grande Terre", reposent désormais sur le sable de la plage de Gadji. La mission mariste est représentée dans un grand nombre de clichés où Hughan fait à chaque fois preuve d'une étonnante habileté à mettre en scène ses personnages. A l'occasion des rassemblements religieux il dispose d'une foule de figurants qu'il dirige de main de maître. La même année, il fixe sur le collodion le fort militaire de Téremba qui sera deux ans plus tard le dernier refuge des habitants de la région pour échapper aux massacres de la grande révolte kanake.

En 1877, Hughan obtient l'autorisation de réaliser des prises de vue au bagne de l'île Nou. La permission de pénétrer dans ce domaine semble correspondre à une volonté de l'administration pénitentiaire de présenter une image plus rassurante de l'univers carcéral. Dans ce territoire hautement surveillé, Hughan se conforme vraisemblablement aux consignes : aucun plan rapproché des prisonniers ne semble permis, mais, tout en restant à distance, il utilise leur présence pour animer les installations.

ALLAN HUGHAN, *police indigène recrutée par l'administration pour rechercher les forçats évadés, 1878.* (65)

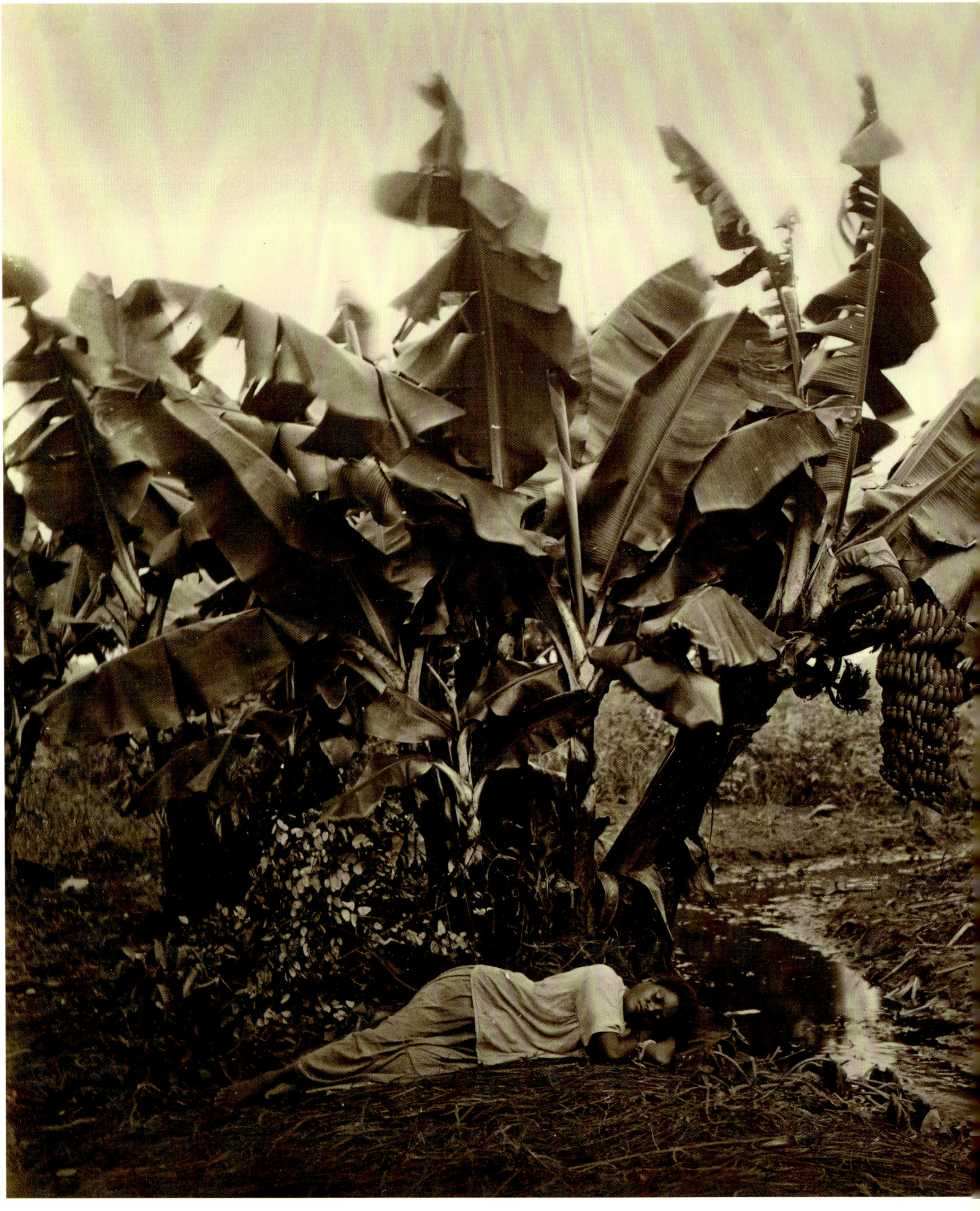

ALLAN HUGHAN, *études sous les bananiers, mission de Saint-Louis*, 1878. (66-68)

ALLAN HUGHAN, *le père Vigouroux, directeur de l'établissement de Saint-Louis, 1878.* (69)

ALLAN HUGHAN, *groupe de travailleurs à Saint-Louis, 1878.* (70)

ALLAN HUGHAN, *arasement de la butte Conneau, 1876.* (71)

Le rigoureux alignement des bâtiments donne la mesure de l'ordre qui règne à l'intérieur de l'enceinte.

L'occasion lui est à nouveau fournie, cette même année, de collecter de superbes documents sur la mise en marche de la première fonderie de minerai de nickel. L'année suivante il se rend à la mission de Saint-Louis, à quelques lieues de Nouméa. Les pères y ont implanté une "usine à sucre" et développent de nombreuses cultures. Hughan profite de sa visite pour prendre des clichés de cette belle entreprise : les bâtiments, la ferme, l'église, l'école des sœurs et un pensionnat destiné aux jeunes filles complètent les infrastructures. Hughan met à contribution tous les habitants de cette communauté qui se prêtent de bonne grâce à la figuration et participent à la composition de ses images. La présence du photographe est ressentie par tous comme une grande récréation. Il réalise à cette occasion le très beau portrait de sœur Marie de la Croix entourée de ses élèves et, avec la complicité de quelques sœurs indigènes qu'il fait poser sous des bananiers, il exécute un petit tableau de genre, parfaite illustration du rêve exotique.

ALLAN HUGHAN, *fonderie de minerai de nickel, Nouméa, pointe Chaleix, 1877.* (72)

ALLAN HUGHAN,
vue générale de Nouméa, 1874. (73)

71. Seul son stock de plaques représentant des types indigènes (format "carte de visite") est racheté par Walter Dufty qui les commercialisera sous son nom. Hughan utilise des plaques au collodion de plusieurs formats : 8 x 10,5 cm, 12 x 16,5 cm, 16 x 21,5 cm qui correspondent au classique format daguerrien : quart, demi et pleine plaque. Certaines vues sont tirées d'après des plaques 24 x 30 cm.

Un témoin privilégié

Au fil des ans, Hughan continue d'enrichir son stock de négatifs. La vue du kiosque à musique de la place principale de Nouméa, réalisée en 1881 lors de la première célébration de la fête nationale du 14 Juillet, en est un bel exemple. La très importante collection de prises de vue du chef-lieu réalisées durant une douzaine d'années nous présente en images la mutation progressive de la ville. La réalisation la plus spectaculaire à laquelle il assiste est le comblement du marais qui occupait une grande partie du centre-ville moderne et qui, à chaque marée, provoquait une inondation. Une grande colline située sur le front de mer, la butte Conneau, servira de remblai. Les forçats, après plusieurs années d'effort, en viennent à bout en 1876.

Dans l'atelier du photographe

L'amateur qui pousse la porte du magasin de Hughan peut non seulement se faire tirer le portrait, mais également acheter des vues de la colonie et de ses habitants et se constituer un album-souvenir. Hughan met à sa disposition un large choix d'épreuves tirées de sa précieuse collection de plaques. Une grande quantité de "cartes de visite" de types indigènes lui est également proposée[71]. Des photographies de spécimens de la faune calédonienne viennent compléter l'ensemble iconographique qui constitue son fonds de commerce. Le client peut ainsi choisir les images qui représentent le mieux son séjour en Calédonie. Photographe particulièrement doué, son style est reconnaissable au premier coup d'œil : son principal talent consiste à préserver la spontanéité de ses personnages dans des compositions très sophistiquées et de restituer ainsi l'illusion d'une harmonie naturelle. Enfin, son aisance à communiquer lui permet d'obtenir l'entière collaboration de toutes les personnes rencontrées.

En 1883, Hughan meurt prématurément à l'âge de quarante-neuf ans. Son studio photographique disparaît avec lui.

ALLAN HUGHAN, *le kiosque à musique de Nouméa, 1881.* (74)

Découverte photographique de la Nouvelle-Calédonie, 1848-1900

1875. L'atelier des frères Dufty

L'existence du Photographic Studio est mentionnée pour la première fois en 1875, tout comme les noms des photographes W. & E. Dufty.

Ces personnages ont été difficiles à identifier car les initiales imprimées au dos de leurs cartes de visite changeaient sans cesse[72]. Après de nombreuses recherches, il est apparu que cette famille d'origine anglaise était composée de quatre frères tous plus ou moins liés à la photographie : Francis-Herbert né en 1846, Edouard-Henri né en 1850, Walter-Frédéric né en 1852, Alfred-William né en 1856. Ils émigrent séparément vers l'Australie entre 1865 et 1871. Francis, l'aîné, s'établit le premier et ouvre un studio en 1871 à Levuka, alors capitale des îles Fidji. Son frère Alfred le rejoint au début de l'année suivante et participe au développement de l'entreprise. Ce succès commercial encourage Edouard et Walter à s'initier à la photographie pour aller tenter l'aventure en Nouvelle-Calédonie. Celle-ci leur semble une destination propice à l'exercice de cette activité puisqu'un seul professionnel, Allan Hughan, y travaille à plein temps. Ils s'installent à Nouméa "pour quelques mois seulement" comme l'indique une publicité parue dans la presse.

WALTER DUFTY,
pique-nique à Ouvéa, vers 1885. (75)

72. Tantôt une publicité parue dans la presse signalait MM. W et E Dufty, tantôt une photo portrait imprimés au dos W. et A. Dufty, puis une autre : W. F. Dufty. Vers la même époque apparaissait une série de portraits d'indigènes des îles Fidji, alors colonie anglaise, par Dufty F. H. et F. & A. Dufty.

LES FRÈRES DUFTY, *bords de mer à Lifou, îles Loyauté, vers 1880.* (76)

LES FRÈRES DUFTY, *paysage pris dans la tribu de Ny près de Bourail, vers 1880.* (77)

LES FRÈRES DUFTY, *groupe indigène de la région de Canala, vers 1880.* (78)

LES FRÈRES DUFTY, *les cachots du pénitencier de l'île Nou, vers 1880.* (79)

LES FRÈRES DUFTY, *coupe des cheveux au pénitencier de l'île Nou, vers 1880.* (80)

LES FRÈRES DUFTY, *"Bourail, colons du pénitencier"*, vers 1880. (81)

LES FRÈRES DUFTY, *élèves de l'école pénitentiaire de La Foa, vers 1880.* (82)

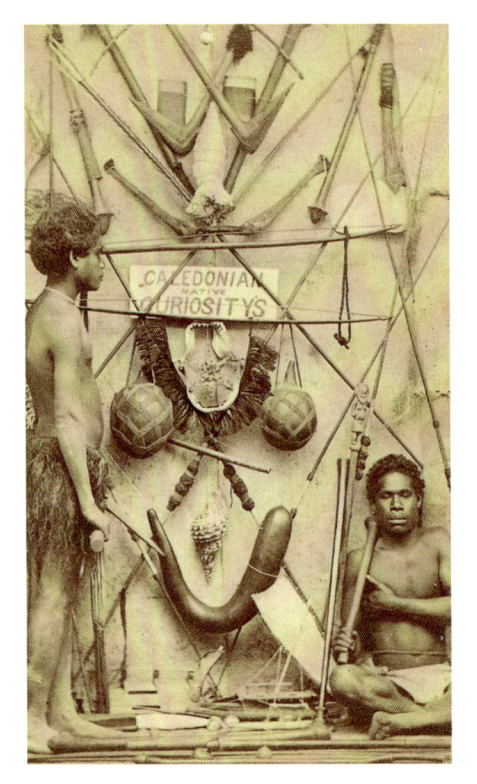

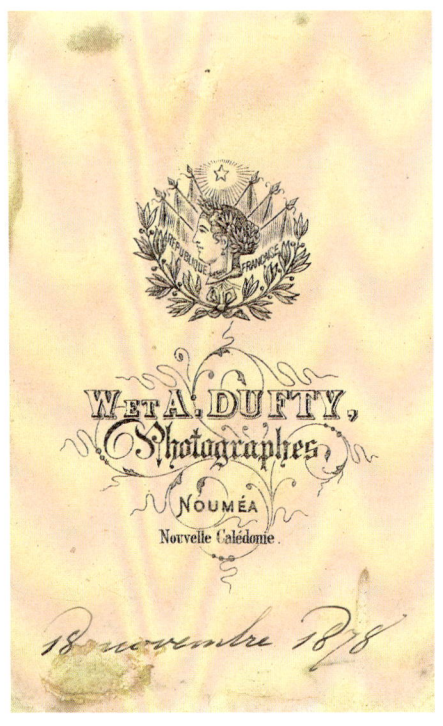

LES FRÈRES DUFTY,
"Caledonian native curios", vers 1880. (83-84)

Des vues ainsi que des portraits de groupes indigènes sont proposés à la vente. Le succès qu'ils rencontrent les décide à rester. Ils installent un atelier ayant pignon sur rue, le "Salon photographique". En juillet 1877, Alfred arrive à son tour et remplace Edouard parti pour Melbourne. Alfred collabore au studio jusqu'en avril 1879, date à laquelle les deux frères repartent vers l'Australie pour entreprendre d'autres affaires. Il est probable que, comme tout bon commerçant, ils mirent en dépôt, durant leur absence, un stock de vues dans quelques magasins de la ville. Au début de l'année 1883, Walter est de retour et annonce au public que "tous les portraits sont pris par un procédé nouveau et instantané". En septembre de la même année, une association éphémère le lie à James Peace, un autre photographe. Ils proposent un nouveau procédé d'émaux photographiques et eux aussi envisagent une tournée en brousse pour augmenter leur collection. En mars 1884, l'affaire périclite. Walter, resté seul, se remet au travail et illustre des pages de l'actualité locale telles que l'exposition des ancres des navires de La Pérouse rapportées de Vanikoro par *Le Bruat*, en 1883, et le lancement en 1884 du *Cagou*, premier bateau à vapeur construit sur place. Le passage d'un cirque australien à la même époque est l'occasion de prendre encore quelques clichés.

De tous les photographes, les frères Dufty sont parmi les plus prolifiques. Ils nous ont légué une très riche iconographie de plusieurs centaines de clichés dont la grande majorité a vraisemblablement été réalisée par Walter. Ils étendent le domaine photographié aux trois îles Loyauté (Lifou, Maré, Ouvéa) rattachées à la France depuis 1864 et réalisent également un stupéfiant reportage dans les quartiers de haute sécurité du bagne de l'île Nou.

Vers 1885 le studio est vendu à Nicolas Hagen, un riche négociant propriétaire de nombreuses affaires. Walter Dufty reste opérateur jusqu'à la fin de l'année 1886, puis il quitte définitivement la Calédonie. Son fonds sera vendu à Léon Devambez. Le dernier représentant de la famille Dufty à pratiquer la photographie est Edouard qui revient en 1891 et s'adjoint un assistant du nom de Louis Thomas. Jusqu'à sa mort, en 1897, Edouard continue à faire des portraits tout en exploitant une partie du fonds de clichés constitué en collaboration avec ses frères. Sa veuve poursuit son activité jusque dans les premières années du XXe siècle.

WALTER DUFTY, *ancres et canons provenant des navires de La Pérouse, 1883.* (85)

Publicité parue dans Le Moniteur de la Nouvelle-Calédonie *du 13 janvier 1875.* (86)

1875. B. Goode, photographe itinérant

Le 13 janvier 1875, la page du *Moniteur de la Nouvelle-Calédonie* réservée aux publicités révèle le nom de ce photographe. Cet hebdomadaire reste encore à cette époque le seul et unique moyen de se faire connaître auprès du public. Le message adressé aux résidents de la Nouvelle-Calédonie précise que ses salons photographiques sont ouverts de 9 heures du matin à 4 heures de l'après-midi, et Goode promet, comme tous ses collègues, des "portraits ressemblants", garantis par dix-sept années de pratique. Curieusement, dès son arrivée, il propose à la vente des paysages de Nouméa et de la brousse, ainsi que des vues stéréoscopiques. Cette information qui accréditerait la thèse d'une œuvre personnelle inédite mérite d'être considérée avec prudence. Goode n'a manifestement pas eu le temps de faire le tour de la Calédonie, il est assez probable qu'il a obtenu ces tirages auprès d'un confrère[73]. Quelques mois plus tard, il informe le public de son intention de quitter la colonie par le courrier de juin et met en vente son éphémère studio, une tente de six mètres sur quatre. Les commandes dépassant ses prévisions, il retarde la date de son départ et c'est seulement le 11 août 1875 que le brick goélette à vapeur *Lord Ashley* l'emporte lui et un certain F. Goode, vraisemblablement son frère qui lui a servi d'assistant. Tous deux quittent la Calédonie et ils y retourneront une dernière fois en 1878.

73. Le terme *on hand* utilisé dans la publicité anglaise confirme cette hypothèse. Vers 1873-1874, Hughan est le premier photographe à employer une chambre stéréoscopique et tout laisse penser qu'il en est le seul utilisateur à l'époque du séjour de Goode.

1883. James Peace

C'est encore une fois une annonce parue dans la presse en septembre 1883 qui fera connaître James Peace à la population calédonienne. Peace est alors associé à Walter Dufty, revenu de Sydney. James Peace a été probablement engagé à l'occasion de ce voyage pour servir d'assistant. L'affaire prospérant difficilement est finalement dissoute pour dettes le 1er mars 1884. Peace monte alors son propre atelier et s'installe rue d'Austerlitz en septembre de la même année. Il propose à sa clientèle des portraits et des tableaux à l'huile par un nouveau procédé dit *christal-ivory-type*. En 1887, Peace se réclame "photographe du gouvernement" dans ses annonces publicitaires. Hormis son activité de portraitiste, il laisse un incomparable reportage sur les Nouvelles-Hébrides aux alentours de 1889, puis un autre quelques années plus tard, en 1893, sur les mines de nickel de Thio. Il est probable que ce travail lui a été commandé par la société Le Nickel, propriétaire de la mine. Il se sert à cette occasion de plaques de dimension 30 x 40 cm, format n'ayant jusqu'alors jamais été utilisé. L'intérêt de cet ensemble documentaire est de nous faire découvrir les lieux où vécurent des centaines de forçats et dont il ne reste rien. Une vue très intéressante d'un groupe de Japonais soulève un coin du voile sur la présence de ces immigrants discrets qui furent brutalement renvoyés chez eux lors de la dernière guerre mondiale.

JAMES PEACE, *descente du minerai des mines du Grand-Plateau, Thio, vers 1893.* (87)

JAMES PEACE, *forçats "loués" par l'administration pénitentiaire à la société Le Nickel, Thio vers 1893.* (88)

LES FRÈRES SERVAIS, *baptême d'un enfant de forçats concessionnaires, Bourail, vers 1890.* (89)

1887. Les frères Servais, forçats et photographes

Les frères Servais sont des artistes : l'aîné, François, dit Arthur, est graveur ; le cadet, Jules, dit Léon, est imprimeur. En 1877, ils décident de coordonner leurs talents pour réaliser de fort belles gravures en couleurs, mais ils choisissent malencontreusement comme modèles les derniers billets de la Banque de France… Cette erreur de jeunesse les fait condamner par la cour de Reims à douze ans de travaux forcés et à l'exil vers la Calédonie où ils arrivent le 9 juin 1878. En septembre 1880, l'administration pénitentiaire octroie à chacun une concession à Bourail[74].

Très entreprenants, les inséparables frères découvrent un gisement de pierres lithographiques aux qualités remarquables : ils décident de l'exploiter. Le fol espoir de faire fortune s'évanouit devant l'indifférence rencontrée et le marasme de l'économie locale. La seule application importante liée à cette découverte sera la fondation d'une imprimerie lithographique qui permettra de publier le premier journal de la brousse calédonienne, *Le Bourail illustré*[75].

La bonne conduite des frères Servais et leurs qualités les font remarquer. En 1887, on les charge officiellement d'une mission : reproduire des vues photographiques de Bourail et de ses environs. Le matériel et les produits nécessaires leur sont fournis et une dérogation exceptionnelle les autorise à circuler librement, à pied ou à cheval, à travers le territoire.

LES FRÈRES SERVAIS, *fantaisies musicales, vers 1890.* (90)

74. Fondé en 1867, le centre de colonisation pénale de Bourail est en 1885 une petite bourgade placée sous la surveillance de l'administration pénitentiaire. Sa population est composée principalement de condamnés en cours de peine ou libérés à qui l'administration a fourni une concession à mettre en valeur. Le 31 décembre 1885, les condamnés sont au nombre de 904 (845 hommes et 59 femmes) et on compte 307 libérés (268 hommes et 39 femmes).

75. Le premier numéro porte la date du 24 novembre 1889. L'existence de cette publication éphémère cessera fin mars 1890. Elle renaîtra de septembre 1890 à février 1891 sous le titre *L'Indépendant de Bourail*, puis d'avril à novembre 1891 sous le titre *Le Courrier de Bourail*.

LES FRÈRES SERVAIS,
une concession à Bourail, vers 1890. (91)

76. Ce texte publié dans le supplément littéraire du *Figaro* du 26 juillet 1890 est signé par M. Ordinaire, un fonctionnaire envoyé en mission officielle en Nouvelle-Calédonie.

Le reportage qui leur est demandé a pour objectif de présenter la colonie aux visiteurs de l'Exposition universelle de 1889 afin d'encourager la venue de colons. Ils tiennent boutique sur la grand-rue de la bourgade. Un journaliste de passage décrit ainsi les lieux[76] : "Une case attira mon attention par sa magnifique enseigne : SERVET FRÈRES *(sic)*, PHOTOGRAPHIE ET GRAVURE. C'était pour moi une bonne fortune de pouvoir me procurer la reproduction des paysages de ce magnifique pays et je demandais à mon compagnon de voyage de m'accompagner chez les deux artistes… Nous rentrons et nous sommes reçus par deux jeunes gens habillés en gentlemen, aux figures intelligentes. Ils portent tous deux une fine moustache noire et rien ne décèle, ni dans le costume, ni dans l'attitude, le forçat purgeant ses vingt ans. Ils nous montrent leurs cartons remplis de photographies, puis la presse lithographique qu'ils ont fabriquée et grâce à laquelle ils impriment les carnets de chèques et les factures des négociants calédoniens… De plus, ils gravent sur nacre des dessins et des portraits…" Nous avons trouvé un nautile et quelques nacres ciselés, d'une admirable facture, représentant des portraits d'après photographies. Quelques albums rapportés en métropole vers la fin du siècle dernier témoignent de leur travail. Leur signature gravée sur les négatifs apparaît parfois et l'inhabituel petit format de leurs épreuves[77] révèle que, par économie, l'administration n'a mis à leur disposition qu'un matériel rudimentaire dont ils semblent pourtant s'accommoder parfaitement. Les sites photographiés se trouvent uniquement sur la côte ouest entre Bourail et Voh ; un seul reportage les mènera jusqu'à Ouaco où des forçats travaillent à la mise en boîtes de corned-beef. Ils visitent quelques tribus installées dans les environs de Bourail, Koné et Voh, et en rapportent de précieux documents ethnographiques comme la préparation des *tapas* et la gravure des bambous, des activités de la vie mélanésienne rarement photographiées. De nombreux clichés représentent la vie de leurs compagnons d'infortune, les concessionnaires de Bourail.

Ils font encore de la photographie en 1894, l'année où ils annoncent dans la presse qu'ils se tiennent pour quelques jours à la disposition des habitants de Bourail. Leur activité devient ambulante, ils proposent leurs services à travers la brousse, tantôt peintres, tantôt photographes, toujours artistes. Bien que libérés en novembre 1888, le retour en France leur est interdit. L'année de leur réhabilitation, en 1908, ils sont encore en Calédonie.

LES FRÈRES SERVAIS, *culture des taros, vers 1890.* (92)

LES FRÈRES SERVAIS, *graveur de bambous et fabrication de nattes, vers 1890.* (93)

77. Le format des plaques de verre utilisées est d'environ 10 x 15 cm.

LÉON DEVAMBEZ, *station d'élevage à Tuo*, 1888. (94)

Une station à Ouvéa

Découverte photographique de la Nouvelle-Calédonie, 1848-1900

LÉON DEVAMBEZ,
la gendarmerie de Bouloupari, 1888. (95)

78. Dans le vocabulaire de la brousse calédonienne les dénominations anglaises abondent car la majorité des colons venus d'Australie est d'origine anglo-saxonne ou allemande. Les *stations* sont des fermes d'élevage de bétail.

1887. Léon Devambez

En 1881, Léon Devambez quitte sa ville natale, Amiens, pour rejoindre son frère aîné, Charles, installé depuis quelques années en Nouvelle-Calédonie. A vingt ans, il découvre la vie dans la brousse calédonienne. Ce frère qu'il admire a acheté une grande propriété dans les vastes plaines de la côte ouest, au pied du mont Ouitchambo, où il est éleveur.

Très vite Léon seconde le gérant de l'exploitation et poursuit sa formation agricole jusqu'en 1885. Il travaille ensuite pour la maison de commerce Ballande qui possède de nombreuses *stations*[78] disséminées à travers la colonie. Il a pour rôle d'entretenir les propriétés et de superviser les transactions avec les colons et la mission mariste.

Après un voyage en France, il se met à son compte au début de l'année 1887 et achète une propriété voisine de celle de son frère : à son tour il devient éleveur. L'opportunité de racheter le studio de photographie Hagen le propulse dans une tout autre activité. Il devient photographe et démarre son affaire en prenant des portraits. La chance veut que l'administration lui passe commande de trois cents vues destinées à présenter les multiples aspects de la colonie aux visiteurs de l'Exposition universelle qui doit se tenir à Paris en 1889. Il s'organise rapidement pour faire un grand tour de la Calédonie. Lors de ses

LÉON DEVAMBEZ, *Ouaco, condamnés travaillant à l'usine de conserves, 1888.* (96)

LÉON DEVAMBEZ, *le pont de la Ouatchoué construit par la main-d'œuvre pénitentiaire, 1888.* (97)

déplacements, il utilise les quelques tronçons de routes déjà existants, puis continue son chemin sur les sentiers muletiers qui relient les différents centres de colonisation. Le plus souvent, il monte à bord des navires côtiers qui font du cabotage autour de l'île. Son travail est méthodique : il prend des clichés de tout ce qui lui paraît digne d'intérêt. Au cours de ce périple il s'arrête dans chaque village et fait l'inventaire systématique de tout ce qui participe à l'économie du territoire : les industries sucrières et minières, les commerces, les exploitations rurales, les fermes d'élevage et les plantations qui jalonnent sa route. Il présente les bâtisses administratives : les postes, les gendarmeries, les forts militaires et les pénitenciers. Il traverse également de nombreuses tribus. Les indigènes qui se groupent devant son objectif sont autant d'occasions de parfaire son reportage[79]. Le jury de l'Exposition universelle lui décernera une médaille de bronze pour ses photographies… et une médaille d'argent pour son café !

Le 20 juin 1889, il retourne en France pour y chercher une épouse et avant son départ confie la responsabilité de son studio à Charles Néthing, un jeune apprenti qu'il vient d'engager.

LÉON DEVAMBEZ,
dans une caféterie de la côte est, 1888. (98)

79. Les deux albums présentés à l'Exposition universelle se trouvent aux archives de l'Outre-Mer à Aix-en-Provence.

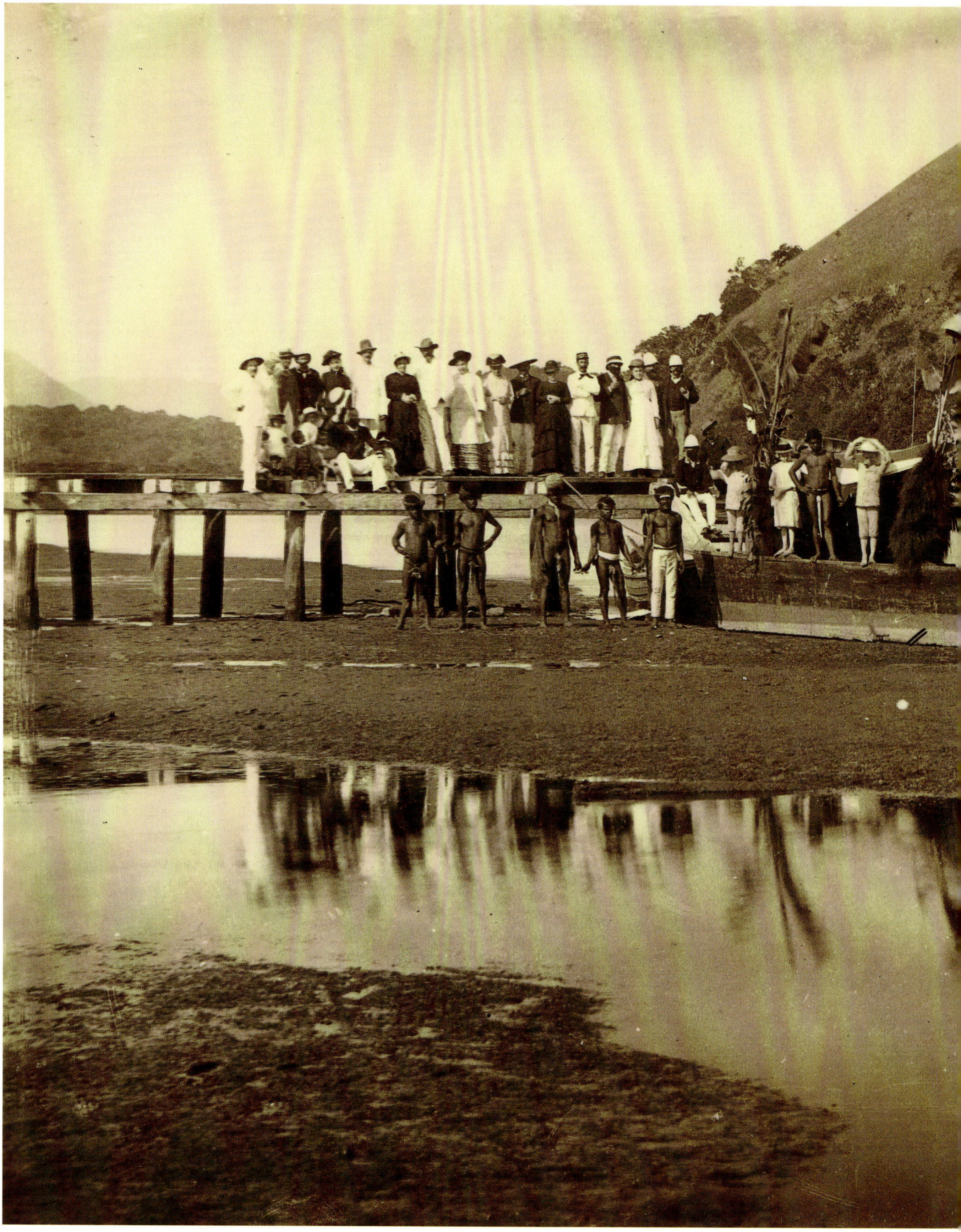

LÉON DEVAMBEZ,
"Poste de la mer" près de Bourail, un jour de fête, 1888. (99)

1889. Charles Billiard, dit Néthing

Dès son arrivée, en mars 1889, Néthing est embauché par le photographe Léon Devambez alors en quête d'un assistant. Trois mois plus tard, son employeur décide de partir précipitamment pour la France afin de se marier. Charles Néthing semble avoir acquis suffisamment d'expérience pour que son patron lui laisse la responsabilité de l'affaire. Une fois en métropole, Devambez décide de tout vendre. Le fonds de commerce, les plaques de verre et les appareils sont proposés pour la somme de dix mille francs. Un an se passe et comme aucun acheteur ne s'est présenté, Charles Néthing obtient des facilités de paiement et devient propriétaire de l'atelier photographique. Il embauche à son tour en 1891 un assistant nommé Lacomme. A côté de son activité de portraitiste, Néthing exploite le fonds de plaques constitué par son prédécesseur. Son premier reportage lui est commandé par le gouverneur Pardon qui lui demande de photographier le pénitencier de l'île Nou. La majeure partie de ses clichés sont réalisés après 1900 et sont généralement abondamment utilisés par les éditeurs pour illustrer des cartes postales dont la grande diffusion incite Néthing à enrichir sa collection de vues de Nouméa et de la brousse ainsi qu'à la renouveler chaque année. Il dresse un inventaire des lieux et des habitants qui peuplent la Calédonie. Il photographie tous les thèmes désormais classiques de l'iconographie calédonienne : les mines, les cultures, le bagne, les tribus. Il accroît cet ensemble par des reportages tirés de l'actualité locale. L'amélioration des techniques photographiques marque son œuvre : les plaques devenues plus sensibles grâce au gélatinobromure lui permettent de se rapprocher de l'instantanéité et sa façon d'appréhender la réalité s'en trouve transformée. Tel un reporter, il part à la recherche de l'événement.

CHARLES NÉTHING, *tri du café à la* station *Petit-jean à Tipindjé, vers 1900.* (100)

Une fête, un bal, une réception ou l'arrivée du courrier de France sont autant d'occasions de compléter son stock de vues, lequel sera diffusé en phototypie à travers les cartes postales ou vendu sous forme d'épreuves argentiques dans son magasin. Son studio fonctionne jusqu'en 1923, année où il quitte définitivement le territoire pour retourner vivre en métropole. Son souvenir subsiste encore chez les vieux résidents calédoniens.

CHARLES NÉTHING, *concours agricole de Koné, une course d'amazones, vers 1900.* (101)

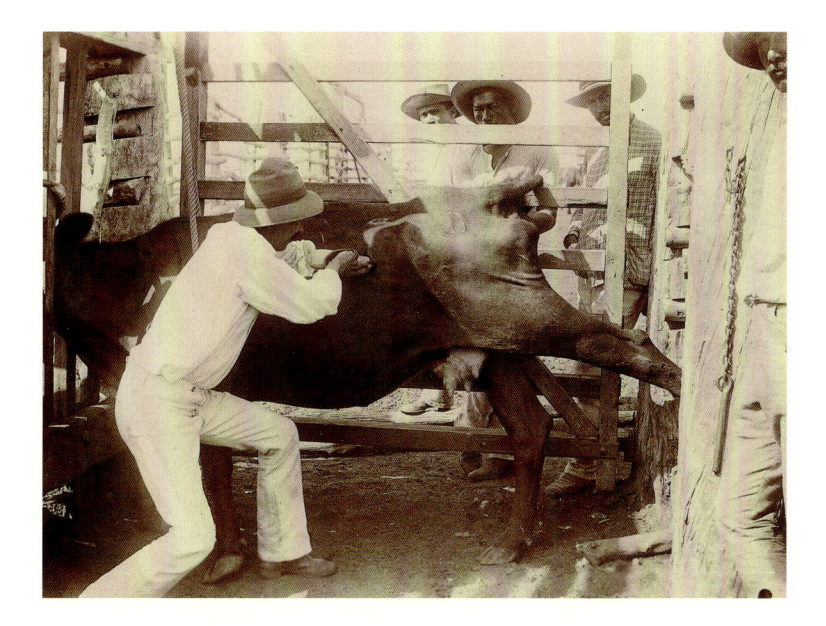

CHARLES NÉTHING, *castration d'un veau dans une* station *à Ouaco, vers 1900.* (102)

CHARLES NÉTHING, *portrait en studio, vers 1900.* (103)

CHARLES NÉTHING, *"Famille canaque en voyage"*, vers 1900. (104)

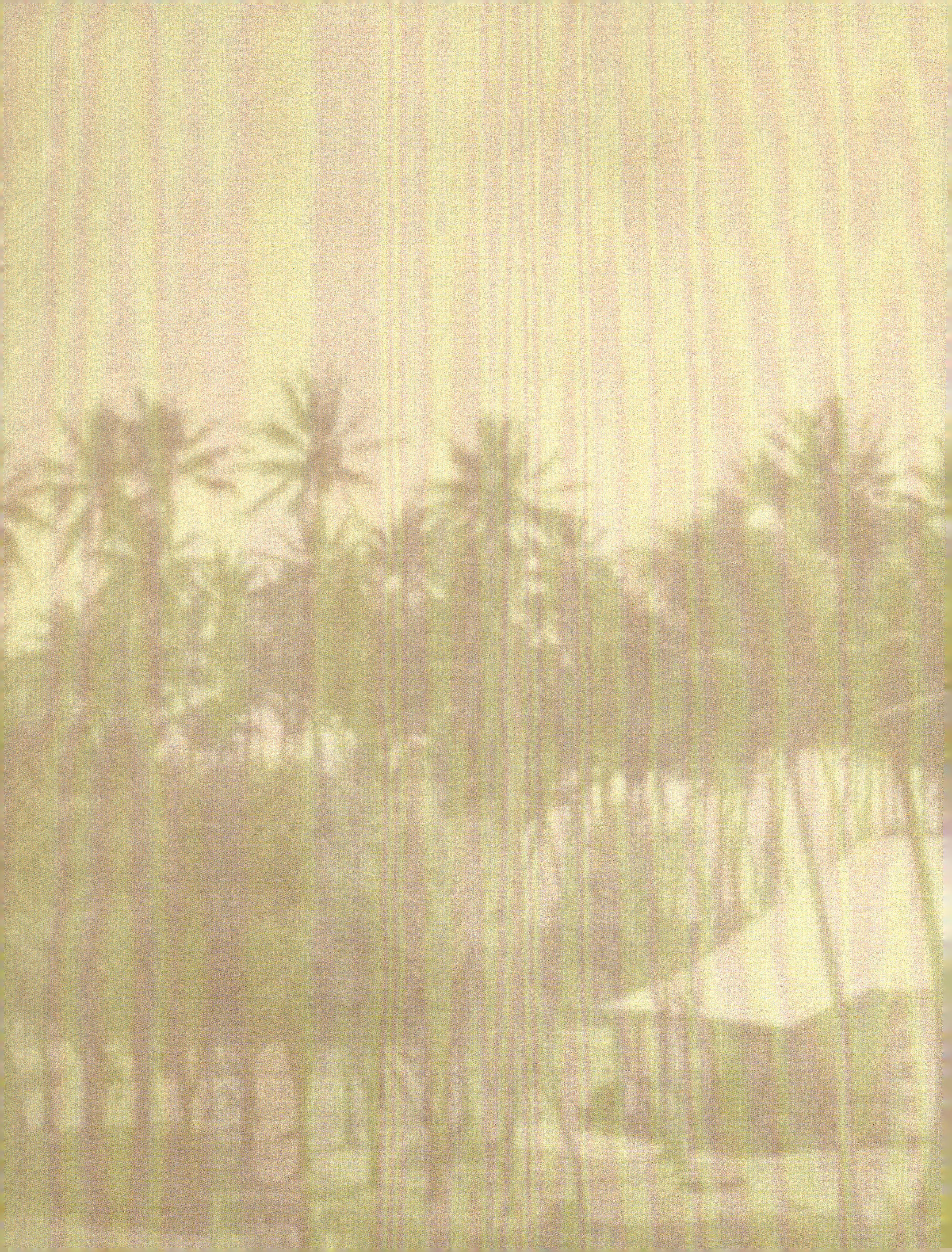

Un autre regard, les photographes amateurs
1870-1900

CHARLES MITRIDE
La famille Mitride à Thio, vers 1897. (105)

Un autre regard, les photographes amateurs

Chapuy, Armand, Bourdais, Candelot et de Greslan peuvent être considérés comme les "photographes primitifs" de la Calédonie. Puis Robin, Hughan, les frères Dufty, etc., s'installent, eux, en professionnels et proposent à la vente des collections d'images de très grande qualité. J'ai tenu cependant à distinguer une troisième catégorie : les amateurs qui photographient pour leur seul plaisir.

Il semble que, dans les années 1870, très peu de photographes rivalisent avec les magnifiques photographies de Hughan et des frères Dufty. Eugène Bertin est l'un des rares à s'y risquer, ainsi qu'un certain E. David qui exerce à la même époque[80]. Entre 1880 et 1900 le nombre d'amateurs ne cesse de croître. La simplification de la technique photographique démocratise chaque jour son utilisation. Nombreux sont les fonctionnaires et les militaires de tous grades qui s'équipent du matériel indispensable. Certains amateurs talentueux ont ainsi l'occasion de compléter l'inventaire iconographique réalisé jusqu'alors. Le frère Antonio, Théotime Bray et Charles Mitride sont les trois meilleurs exemples. Le regard qu'ils portent sur la société calédonienne à travers leur propre expérience de missionnaire, de surveillant de bagne ou de fonctionnaire des postes, donne un relief particulier à leur vision.

1870. Eugène Bertin

Ce Parisien a choisi de faire une carrière navale. Il est envoyé en Nouvelle-Calédonie qu'il atteint le 10 octobre 1870 pour servir comme écrivain de la marine. Il est bachelier ès sciences, fait suffisamment remarquable pour être inscrit en toutes lettres sur la couverture de son dossier militaire. Quand ses fonctions de chef de service lui en laissent le temps, il écrit des poèmes et les fait publier. *Le Moniteur de la Nouvelle-Calédonie* du 9 septembre 1874 signale son travail comme étant "la première production poétique éclose sous le

---

80. Le style, la signature et l'habitude d'envoyer ses œuvres à la presse font penser à un pseudonyme utilisé par Ernest Robin qu'un poste dans l'administration oblige à la discrétion.

ciel calédonien". A ses heures de loisirs, il s'occupe également de photographie, comme le révèlent certaines images de Calédonie gravées de sa signature. Son savoir-faire lui a probablement été communiqué par un proche collaborateur : Ernest Robin.

Eugène Bertin n'a aucune prétention commerciale. Il photographie pour son seul plaisir et pour celui de ses amis. Son mérite est de réaliser ses propres clichés plutôt que de les acheter dans le commerce local. Il compose son album et sélectionne les souvenirs qu'il désire emporter. Après différents postes qui le conduiront sur la presqu'île Ducos et dans l'île des Pins, il quitte définitivement la colonie le 3 avril 1880.

EUGÈNE BERTIN,
Néo-Calédoniens, vers 1874. (106-107)

FRÈRE ANTONIO, *catéchistes et servants de messe autour du père Kaiser, à Pouébo, vers 1890.* (108)

FRÈRE ANTONIO, *le cathéchiste César et le père Gaide en résidence à Lifou, vers 1890.* (109)

81. En septembre 1873, Jean Jourda de Vaux de Chabanolle (1834-1900) arrive en Calédonie comme directeur des frères maristes. Il fait construire l'école municipale de Nouméa qu'il dirigera de 1873 à 1883. On lui doit également la création en 1885, près de Bourail, de la ferme-école de Néméara destinée à recevoir les enfants des forçats concessionnaires. Vers 1880, l'enseignement dispensé par les maristes comprenait deux catégories d'écoles. Les premières destinées aux enfants issus de la colonisation libre étaient les écoles libres pour les garçons (les sœurs de Saint-Joseph s'occupaient des filles). Les secondes destinées aux enfants issus de la colonisation pénale étaient des écoles pénitentiaires (pensionnats et orphelinats). La laïcisation votée en France en 1878 ne sera appliquée en Nouvelle-Calédonie qu'en 1883.

1880. Le frère Antonio

Le frère Antonio approche de la quarantaine lorsque sa mission apostolique le conduit en Nouvelle-Calédonie au début de l'année 1877.

Dès le début de la colonisation, les pères maristes avaient ébauché un processus de scolarisation autour des églises et des centres de colonisation. A partir de 1873, pour organiser l'enseignement, le ministère de la Marine fait appel à un autre ordre religieux : les frères maristes[81], des éducateurs confirmés. Ils ont pour tâche de créer une infrastructure scolaire à Nouméa et en brousse, permettant ainsi aux pères maristes de se consacrer uniquement à leur vocation de missionnaires.

Le rôle du frère Antonio est de former des moniteurs de chant pour les chapelles. Il participe au projet éducatif des frères maristes. Il se déplace fréquemment et parcourt la "Grande Terre" et les îles Loyauté, visitant tous les établissements missionnaires. C'est une chance pour nous : tout au long de sa vie, simultanément à ses activités éducatrices, il pratique la photographie. Mais ses sujets de prédilection ne surprennent jamais : son champ visuel ne dépasse que rarement l'univers religieux auquel il appartient. Sa Calédonie est peuplée de jeunes élèves encadrés par des frères enseignants, de groupes indigènes évangélisés qui posent en compagnie de missionnaires en soutane, de paysages où figurent toujours les églises et les écoles. Son regard sélectif s'arrête sur tous les lieux où la mission a œuvré. Il nous emmène dans des cours peuplées d'enfants de colons, de fonctionnaires ou de forçats et dans les tribus récemment évangélisées. De cette vie discrète il laisse à la postérité une admirable collection de clichés qui témoigne de l'importance de l'œuvre réalisée par la mission mariste. Le frère Antonio pratiquera la photographie jusqu'à sa mort, en 1922.

FRÈRE ANTONIO, *Maré, construction de l'église de La Roche sous la direction du père Beaulieu, vers 1890.* (110)

FRÈRE ANTONIO, *"Groupe barbouillé à Lifou"*, îles Loyauté, vers 1895. (111)

FRÈRE ANTONIO, *Païta, "les orphelins à la rivière", vers 1885.* (112)

THÉOTIME BRAY, *le surveillant militaire Bray en famille à Néjoui, vers 1895.* (113)

82. Un arrêté du 23 mars 1895 met fin à l'envoi de bagnards vers la Calédonie. Le dernier convoi de bagnards arrivera à Nouméa le 25 février 1897.

83. Nom donné communément aux bagnards.

84. Des corvées de forçats participent à l'amélioration des infrastructures de la colonie en construisant de nombreux bâtiments administratifs et militaires, des ponts, des kilomètres de routes et de sentiers muletiers. Dans son "action régénératrice" l'administration pénitentiaire va jusqu'à faire venir des femmes détenues dans les prisons de France pour les marier à des concessionnaires.

1886. Le surveillant du bagne, Théotime Bray

Jeune marié, Théotime Bray arrive sur l'île le 19 mai 1886, avec sa femme et son fils âgé de dix mois. Un navire de commerce, le *San Martin*, les transporte de Bordeaux jusqu'à Nouméa, destination qu'a choisie pour lui l'administration pénitentiaire à laquelle il appartient.

Sa carrière au bagne est modeste et sans surprise. Il gravit les cinq échelons qui séparent le surveillant militaire de troisième classe du surveillant-chef de première classe. Il commence à s'intéresser à la photographie peu avant 1890. Nous lui devons un très remarquable ensemble documentaire sur le bagne dans la dernière décennie du XIXe siècle, à une époque où cette administration, véritable Etat dans l'Etat, connaît son apogée avant que son pouvoir et sa justification ne soient remis en cause[82].

Hormis de nombreuses photos de famille, Bray dirige invariablement son objectif en direction de son univers quotidien. Il nous présente le bagne comme une organisation efficace et rassurante. Sa fonction lui permet de se déplacer à l'intérieur de l'administration pénitentiaire et en fait un observateur privilégié. Cependant sa démarche photographique semble exclusivement motivée par le souci de plaire à sa hiérarchie. Lui-même incarne l'ordre carcéral et ne prend jamais le risque d'aller à l'encontre de l'institution.

Dans ses prises de vue se côtoient les uniformes et les "chapeaux de paille[83]", ces bagnards dont les visages fermés et soumis laissent deviner une discipline de fer. Seuls les auxiliaires kanaks armés de casse-têtes et de sagaies semblent menaçants. Aucun sévice, aucune violence n'est suggéré, pas plus que les châtiments fréquemment appliqués aux forçats : la double chaîne, le fouet, les cachots, la guillotine. Bray concentre son reportage sur les édifices dont l'administration pénitentiaire est si fière, de la bâtisse du directeur aux casernes des surveillants, des cellules de haute sécurité en passant par les nombreux ateliers. Il inventorie les installations construites par la main-d'œuvre du bagne, prenant soin de préserver l'image positive d'une entreprise préoccupée de faire valoir son utilité sociale[84]. En 1901 une mutation l'oblige à quitter le sol calédonien pour la Guyane où il séjournera deux ans. Il choisit alors de démissionner pour rejoindre sa famille restée en Calédonie, puis il s'installe en brousse où il sera l'un des premiers chauffeurs des Messageries automobiles calédoniennes. La photographie reste pour lui un passe-temps occasionnel qu'il pratiquera jusqu'à la Première Guerre mondiale.

THÉOTIME BRAY, *cuisines du pénitencier de l'île Nou, vers 1890.* (114)

THÉOTIME BRAY, *La Foa, fonctionnaires de la pénitentiaire, forçats et Kanaks, vers 1890.* (115)

THÉOTIME BRAY, *enfants de l'école pénitentiaire de Fonwhary, vers 1895.* (116)

1893

1897. Charles Mitride, agent des Postes

Originaire de l'île de la Réunion, la famille Mitride arrive dans les années 1870 en Nouvelle-Calédonie pour s'employer à la coupe de la canne à sucre dont la culture connaît alors un remarquable essor. Charles est l'aîné d'une famille nombreuse qui ne compte pas moins de vingt enfants. Ce jeune homme a grandi en brousse, c'est un être chaleureux doté d'un esprit espiègle et enjoué[85]. Il communique avec facilité et la photographie est pour lui un moyen privilégié favorisant les contacts qu'il cherche à établir.

En 1896, il intègre l'administration locale des Postes. Sa première fonction sera la distribution du courrier dans la minuscule localité de Kouaoua, un centre minier en pleine activité dont le port en eaux profondes permet d'accueillir de grands voiliers venus charger le précieux minerai de nickel. Il profite de l'occasion qui lui est

85. Ces traits de caractère nous ont été dépeints par sa fille, Yvonne Lacour-Mitride.

CHARLES MITRIDE, *géomètre et gendarmes en visite dans une tribu de la région de Thio, vers 1898.* (117)

donnée de monter à bord des trois-mâts barques venus de tous les horizons pour faire poser les équipages. Ce premier reportage sera suivi par d'autres réalisés aux alentours des localités où il réside, notamment dans la région de Thio où les mines sont omniprésentes. La connaissance de son œuvre reste incomplète. Seule une petite centaine de tirages originaux ont survécu. Mais on y découvre de remarquables réussites esthétiques réalisées à l'occasion de rencontres avec de pittoresques habitants de la brousse calédonienne, tel le fameux Berezowski[86] photographié sur sa concession, ou encore ce colon sur sa plantation de café, isolé au milieu des tribus. Mitride prend de nombreux clichés de ses enfants et de sa belle épouse qu'il admire. Il nous emmène dans ses promenades à l'occasion d'un pique-nique, d'une baignade et nous convie aux fêtes et aux kermesses qui ponctuent la vie monotone des centres de brousse. Il photographiera jusqu'à la Grande Guerre.

86. Lors de la visite à Paris du tsar Alexandre III, en juin 1867, Antoine Berezowski, réfugié polonais, tente sans succès d'assassiner le souverain. Il est condamné aux travaux forcés à perpétuité et envoyé en Calédonie où il purgera sa peine et restera jusqu'à sa mort, en 1916.

CHARLES MITRIDE, *le condamné Berezowski sur sa concession à Bourail, vers 1898.* (118)

CHARLES MITRIDE, *membres de l'équipage d'un navire en rade de Kouaoua, vers 1898.* (119)

CHARLES MITRIDE, *à bord d'un trois-mâts barque en rade de Kouaoua, 1897.* (120)

CHARLES MITRIDE, *un colon accompagne un géomètre dans la brousse calédonienne, vers 1898.* (121)

CHARLES MITRIDE, *colon dans sa plantation de café sur la côte est, vers 1898.* (122)

Les Néo-Calédoniens
face à l'objectif des photographes

ALLAN HUGHAN
*Studio improvisé dans
la brousse calédonienne, 1874.* (123)

ÉVENOR DE GRESLAN,
"Repas kanak", vers 1867. (124)

Les Néo-Calédoniens face à l'objectif des photographes

Les indigènes calédoniens occupent une place importante dans l'iconographie de l'archipel. Ils n'y apparaissent qu'en tant que figurants car, au siècle dernier, aucun d'entre eux ne pratiqua la photographie. Réussir une photographie nécessite une technique complexe et contraignante que de rares initiés maîtrisent. De plus la finalité commerciale reste totalement étrangère à l'univers mélanésien. L'appareil photographique représente un pouvoir dont seul le colonisateur est détenteur.

L'attitude du Mélanésien face à l'objectif du photographe évolue à mesure que se diffuse et se vulgarise le procédé photographique. Si les indigènes photographiés par Chapuy peuvent visualiser les daguerréotypes pour lesquels ils ont posé quelques heures seulement après la prise de vue, il n'en va généralement pas de même pour la plupart qui ne font que constater les étranges manipulations de l'opérateur sans bien en saisir l'objet. Il faut attendre que les premiers studios s'installent à Nouméa dans les années 1870 pour que les Mélanésiens résidant au chef-lieu découvrent enfin les tirages photographiques épinglés dans les vitrines des magasins.

Le comportement et les motivations des photographes changent également. Le missionnaire André Chapuy emporte son daguerréotype, à la fois fétiche et faire-valoir, dans l'espoir de mettre en images l'œuvre missionnaire à laquelle il a dédié sa vie. Il découvrira sur place l'étrange pouvoir qu'exerce la plaque argentique sur une population ébahie par cette magie nouvelle. Léon Armand et Eugène Bourdais font poser quelques indigènes rencontrés à Port-de-France : pour eux, ces indigènes relèvent de l'état des lieux, au même titre que les premières installations militaires.

Evenor de Greslan et Ernest Robin seront les premiers à partir à la rencontre des autochtones. Le premier photographie pour son plaisir, le second a des velléités commerciales. Ils voyagent à bord de navires côtiers, puis s'aventurent sur les chemins fréquentés par les Kanaks vers des tribus que l'homme blanc a très rarement rencontrées. Ils visitent les villages éparpillés tout autour de l'île et semblent surprendre les Mélanésiens dans les gestes familiers de leur vie quotidienne. Tous deux parviennent à restituer admirablement l'atmosphère de cette Calédonie ancienne.

Hughan pour sa part voit en chaque individu un figurant potentiel. Les Mélanésiens sont fréquemment mis à contribution. Il faut imaginer la surprise créée dans la tribu par la visite d'un photographe dont le passage est considéré comme une fête imprévue, une récréation inattendue à laquelle la plupart participent de bon cœur. Les photographes qui succèdent à Hughan se contentent de classer le Néo-Calédonien, dans leur collection de clichés, comme sujet pittoresque incontournable. Quand les studios professionnels s'organisent, les Mélanésiens sont d'abord sollicités pour venir poser. La mise en scène est sommaire : un décor peint sert de toile de fond et un large assortiment d'accessoires, composé d'armes et de divers objets ethniques, complète l'installation. La plupart de ces clichés enrichiront la collection de "types calédoniens" proposée à la clientèle européenne dans un format appelé "carte de visite". Ces tirages se vendent souvent à la douzaine. Quelques années plus tard, l'indigène, moins intimidé, entrera de plein gré dans l'atelier du photographe pour se faire "portraiturer". Dans ses notes, le père O'Reilly rapporte une conversation qu'il eut avec Charles Néthing avant la Seconde Guerre mondiale : "Le Kanak, m'assura M. Néthing, aime à se faire photographier... Ce que cherche le Kanak de 1890, c'est être exposé, encadré, sous la véranda de mon magasin, tout près de cette place des Cocotiers où, le dimanche, se rassemble toute la population et où flonflonne la musique militaire...

ERNEST ROBIN, *"Une halte dans la brousse à Pouindalou, côte nord-ouest"*, 1867. (125)

Découverte photographique de la Nouvelle-Calédonie, 1848-1900

ALLAN HUGHAN,
"Case du chef d'Oubatche", 1874. (126)

"C'est la coutume de passer sur cette place des heures et des heures, le nez sur la vitrine, à regarder des photographies. Souvent même le client ne revient pas prendre livraison de sa marchandise. Il a payé ses cinq francs, le cliché l'intéresse moins que d'avoir été mis en vitrine, d'avoir été regardé, de s'être regardé... Ces costumes assez curieux, ces poses, ces attitudes ne sont nullement des inventions de photographes en mal d'originalité. Ils sont le plus souvent voulus par l'indigène, mûrement médités et expriment une volonté bien ferme... Le Kanak entre au studio, habillé comme tout Kanak de la Nouvelle-Calédonie d'un pantalon fatigué de couleur indécise et d'une assez crasseuse chemise de flanelle. En entrant, il prend d'abord le temps de s'accoutrer à sa convenance. Il ne va pas s'endimancher, ni se vêtir de costumes d'importation européenne. Non. Il s'inquiète de devenir lui-même, il recherche ce qu'il juge être son plus vrai lui-même, ses parures significatives. Il retrouve surtout son corps. Cela prend parfois une heure ou deux."

Ce changement de comportement marque ainsi un tournant décisif : les Mélanésiens s'emparent de l'appareil photographique, apanage du colonisateur, pour se réapproprier leur propre image.

CHARLES NÉTHING, *"Indigènes calédoniens, tenue de pilou"*, vers 1895. (127)

Les révélations de la presse illustrée

*"M. Jules Garnier, son guide indigène
et son chien Soulouque", 1866.* (128)

Découverte photographique de la Nouvelle-Calédonie, 1848-1900

La photographie dans la presse illustrée

Vers le milieu du XIXe siècle, des journaux illustrés apparaissent en France. L'idée consiste à enrichir les textes par une quantité d'images reproduites sous forme de gravures sur bois. En parcourant méthodiquement ces revues on découvre une précieuse iconographie souvent ignorée des historiens de la photographie.

La plus célèbre est sans conteste *L'Illustration* dont le premier numéro paraît le 4 mars 1843. Cet hebdomadaire publie des nouvelles nationales et internationales, et ouvre ses colonnes à des correspondants, généralement des lecteurs, qui lui font non seulement parvenir des informations du monde entier, mais également des dessins et des photographies. Ces illustrations sont reproduites sous forme de gravures sur bois, seul moyen de reproduction[87] alors capable de permettre des tirages à plusieurs milliers d'exemplaires. Cette tâche est confiée à des artisans graveurs qui le plus souvent reproduisent scrupuleusement les documents originaux, et quelquefois les interprètent.

En 1857, paraît un journal concurrent, *Le Monde illustré*, qui applique la même formule. Trois ans plus tard, *Le Tour du monde*, une revue trimestrielle uniquement consacrée aux voyages, est à son tour diffusée. Toutes ces publications rencontrent un immense succès populaire. Elles initient un très large public à la géographie et aux voyages, au moment où de nombreux explorateurs progressent à travers de vastes territoires encore vierges.

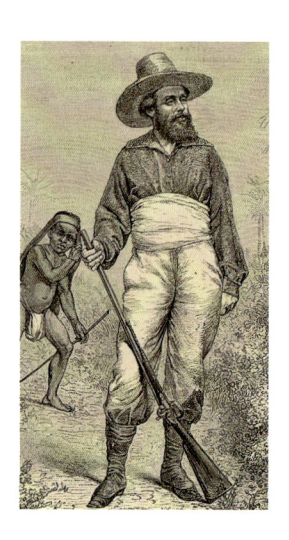

Les explorateurs Alfred Marche au Gabon, Francis Garnier en Indochine et Arminius Vambéry en Perse. (129)

87. Il faut attendre *Le Monde illustré* du 10 mars 1877 pour voir la première photographie reproduite au moyen d'une trame. Une autre tentative sera réalisée quelques années plus tard. Cette fois l'émulsion photographique sera directement appliquée sur le bois afin de faciliter le travail du graveur. L'image sera reproduite dans *L'Illustration* du 25 juillet 1891.

En se développant, les moyens de communication ont permis de multiplier les voyages. Les grands navigateurs du siècle précédent ont cédé la place à un nombre toujours croissant de voyageurs qui parcourent la planète en tous sens : diplomates, marins et militaires, explorateurs plus ou moins officiels, aventuriers, artistes exotiques, rentiers fortunés, commerçants, etc. Les journaux illustrés se font l'écho de ces correspondants occasionnels qui transmettent leurs expériences et leurs impressions. Le lecteur, confortablement assis dans son fauteuil, les accompagne ainsi dans les recoins les plus inhospitaliers du globe.

ÉVENOR DE GRESLAN, *Néo-Calédonien joueur de flûte nasale, 1866.* (130)

D'après ÉVENOR DE GRESLAN, *Néo-Calédonien joueur de flûte nasale, 1867.* (131)

ANONYME, *"Zemma, indigène de la Nouvelle-Calédonie"*, 1857. (132)

EUGÈNE BOURDAIS, *"Type de femme en Calédonie (grand costume)"*, 1857-1858. (133)

D'après EUGÈNE BOURDAIS, *Néo-Calédoniens*, 1861. (134)

Les sujets calédoniens dans la presse illustrée avant 1880

Le premier sujet calédonien gravé d'après une photographie paraît dans *Le Monde illustré* du 27 novembre 1857 et représente un portrait de l'indigène Zemma venu poser devant l'objectif d'un photographe parisien resté anonyme. Dans son article, le journaliste précise : "Le premier de sa race qui ait encore paru dans l'ancien monde[88]."

Le 15 mai 1858, *L'Illustration* publie un deuxième document : une vue générale de Port-de-France, gravée d'après une photographie de Léon Armand, dont le nom est mentionné pour la première fois.

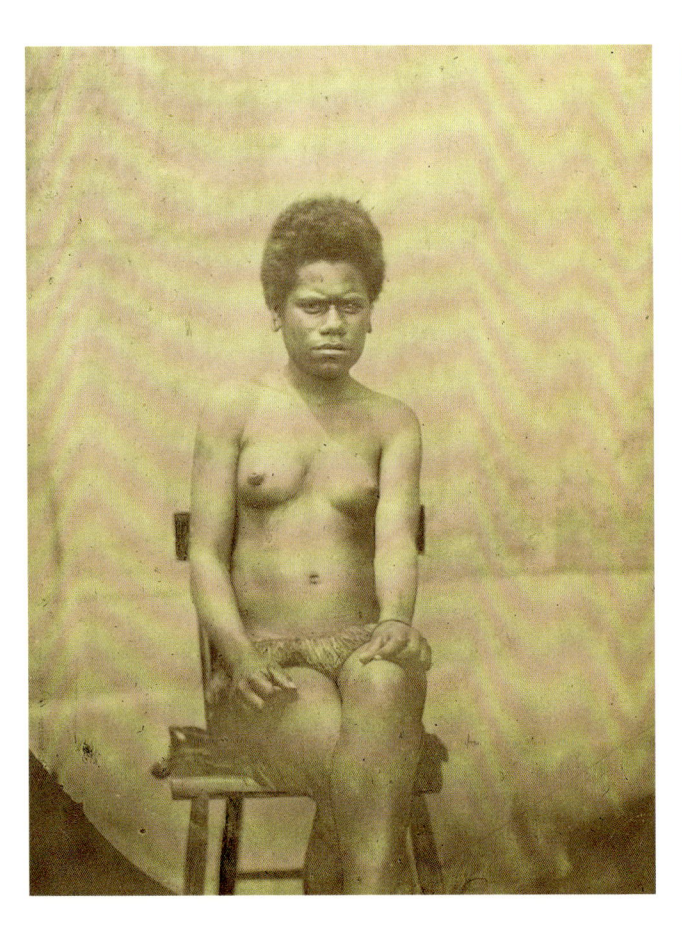

Durant les années 1860, *Le Tour du monde* sera le seul à s'intéresser à cette lointaine possession française des mers du Sud. Au premier semestre de l'année 1861[89], il publie un article sur la Nouvelle-Calédonie dans lequel deux gravures d'après photographies viennent enrichir le récit du voyage effectué par un chirurgien de la marine, Victor de Rochas[90]. L'une représente quelques maisons à Port-de-France, l'autre un groupe d'indigènes devant une case traditionnelle. Cette dernière est une composition d'après plusieurs photographies où l'on reconnaît le portrait d'une Néo-Calédonienne fait par Eugène Bourdais.

Il faut attendre le second trimestre de l'année 1867 pour retrouver deux articles écrits par l'ingénieur Jules Garnier, découvreur du minerai de nickel. Son récit est abondamment illustré de cinquante bois gravés d'après de remarquables

D'après ERNEST ROBIN, *types de Kanaks, 1878.* (135)

88. L'article précise également que Zemma est âgé de dix-sept ans et qu'il est au service du capitaine Conneau depuis trois ans.

89. L'article est illustré par quatre bois gravés "d'après une photographie". Seuls le groupe de Néo-Calédoniens et la vue de Port-de-France le sont effectivement, les deux autres vues sont inspirées par des dessins du lieutenant Triquera.

90. Victor Henri de Rochas, originaire de La Rochelle, est chirurgien de la marine à bord du *Styx*. Il restera en Nouvelle-Calédonie du 5 mai 1857 au 25 septembre 1859.

D'après LÉON ARMAND, *"Port-de-France et Port-Napoléon dans la Nouvelle-Calédonie", 1858.* (136)

D'après ÉVENOR DE GRESLAN, *préparation du trépang, 1867.* (137)

91. Publiées dans *Le Monde illustré* du 8 février 1873, les deux gravures reproduites d'après les photographies d'un certain Adrien de Heu sont vraisemblablement réalisées d'après des dessins.

photographies prises pour la plupart par le talentueux Evenor de Greslan.

La décennie suivante ne proposera au lecteur que très peu de gravures, sinon celles réalisées à l'occasion de l'arrivée des premiers déportés de la Commune en novembre 1872, d'après des clichés de Hughan et du mystérieux Adrien de Heu[91]. Puis, en 1878, seront reproduits les très beaux portraits d'indigènes effectués par Ernest Robin dix ans auparavant.

D'après ALLAN HUGHAN, *arrivée de la* Danaé, *les déportés au moment de leur débarquement, 1873.* (138)

Découverte photographique de la Nouvelle-Calédonie, 1848-1900

PHILIPPE POTTEAU,
"Manhuaréré, matelot à bord du Styx, né au village de Touaourou", Paris, 1860. (139-140)

92. Le photographe E. Thiesson les rapporte d'un voyage fait au Brésil en 1844.

1860. Deux Néo-Calédoniens dans les collections photographiques du Muséum

Lors de ses séances, l'Académie des sciences prend connaissance des perfectionnements et découvertes que lui communiquent savants, chercheurs et inventeurs, puis elle publie dans ses comptes rendus les dernières innovations : ce fut le cas pour le daguerréotype. Le monde scientifique suit avec intérêt les progrès quotidiens de ce nouvel art. En 1840 des photographies microscopiques sont présentées et en 1845 les premiers daguerréotypes ethnographiques représentant des Indiens du Brésil, les Botocudos[92], font l'admiration des membres de l'Académie.
Le Muséum d'histoire naturelle se procure un matériel de prise de vue afin de constituer un répertoire photographique des différents types humains. Dès 1855, Louis Rousseau, aide-naturaliste chargé des opérations photographiques, fait

Les révélations de la presse illustrée

poser de face et de profil des Russes et des Hottentots. Le fonds s'enrichit année après année jusqu'en 1870, à l'occasion de missions scientifiques[93] dans les pays lointains, mais le plus souvent dans l'atelier du Muséum où les sujets (souvent des étrangers en visite dans la capitale) sont directement photographiés. La venue des ambassades étrangères à Paris fournit aux anthropologues l'occasion d'étudier les diversités ethniques. Philippe Potteau, aide-préparateur, succède à Rousseau et fait poser en 1860 deux Néo-Calédoniens, Guhamben et Manhuaréré, embarqués en tant que mousses à bord d'une corvette de la marine française[94]. Par quelques lignes consignées dans son récit de voyage, l'explorateur Jules Garnier nous apprend qu'après un an passé en métropole, ces deux Néo-Calédoniens furent embarqués sur un bâtiment de guerre pour être ramenés dans leur patrie, mais, après une longue traversée sur ce navire, ils moururent de phtisie aux environs de Sydney[95].

PHILIPPE POTTEAU, *Guhamben, matelot à bord du* Styx*, Paris, 1860.* (141-142)

93. Félix Bocourt réalise dès 1861 des photographies au royaume de Siam. Désiré Charnay rapportera un magnifique reportage de Madagascar en 1863. Les membres des diverses missions diplomatiques en visite à Paris (notamment celles du Japon, de la Cochinchine, de la république d'Haïti) seront sollicités.

94. La corvette à vapeur *Le Styx* quitte Port-de-France le 7 septembre 1859. A cette occasion quelques spécimens de la faune aquatique calédonienne seront emportés pour être déposés au Muséum où ils seront photographiés.

95. Garnier signale également l'existence d'une photographie surprenante : "Kandio était un grand chef qui lutta contre nous avec plus d'énergie que de bonheur ; il fut fusillé en 1859 ; sa tête fut envoyée à Brest dans un vase d'alcool et photographiée." *Le Tour du monde*, 2e semestre 1867, p. 178.

1874. Une mission scientifique à Nouméa

Le 8 décembre 1874 est une date attendue avec impatience par les astronomes du monde entier. En effet ce jour-là la planète Vénus passe devant le disque solaire. L'événement ne s'était pas produit depuis 1769. De nombreux pays préparent à cette occasion des expéditions en différents points du globe afin de déterminer la parallaxe du soleil[96].

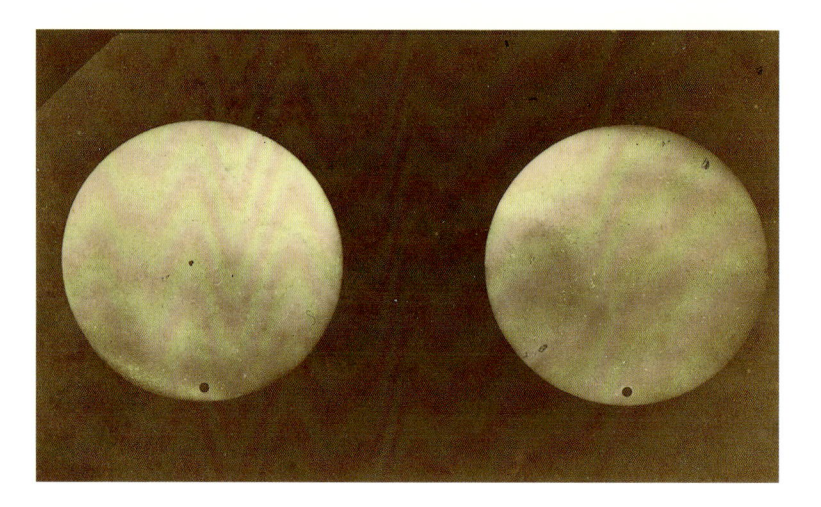

ALFRED ANGOT,
passage de Vénus sur le disque solaire, 1874. (143)

La France choisit quatre stations d'observation : Yokohama, l'île Saint-Paul, la Réunion et la Nouvelle-Calédonie. La station de Nouméa située moins favorablement que les autres est néanmoins retenue parce que la marine y entretient en permanence des officiers et des ingénieurs qui assurent un soutien logistique.

La mission arrive à Nouméa plusieurs semaines à l'avance. Les scientifiques s'installent sur une colline couverte d'herbes folles située à proximité du port[97]. Quelques baraques sont édifiées à la hâte pour les loger et un bâtiment en dur, construit pour protéger les instruments (notamment la précieuse lunette équatoriale), tient lieu d'observatoire.

Alfred Angot, membre de la Société française de photographie, attaché à la mission, est responsable des opérations photographiques. Il s'exerce en prenant des vues des installations en cours et, le jour venu, il réalise avec succès les clichés attendus.

96. Angle sous lequel on verrait, depuis Vénus, un segment de droite pris comme référence.

97. L'endroit a gardé le souvenir du passage de la mission. Il est connu aujourd'hui sous le nom de mont Vénus.

ALFRED ANGOT, *l'observatoire construit à Nouméa*, 1874. (144)

ALFRED ANGOT, *instruments destinés à étudier le passage de la planète*, 1874. (145)

161

Ce livre est maintenant achevé. C'est aussi la fin d'un périple personnel à travers un pays aujourd'hui disparu. Mon voyage aura duré vingt ans. Je souhaite que ce travail donne envie à certains d'aller plus loin, à la découverte d'autres trésors iconographiques, à la rencontre de photographes-pionniers encore insoupçonnés. Il est temps pour moi de quitter cette île devenue si familière, et d'aborder d'autres rivages. Ce départ ne se fait pas sans serrement de cœur, tempéré toutefois par quelque sentiment de délivrance. En typographie, on appelle cela le point final.

Biographies

Frère ANTONIO
1837-1922

Le frère Antonio, pour l'état civil Louis Milon, est né en 1837 à Sarlette (Drôme). Il arrive en Calédonie le 5 janvier 1877 par *Le Navarin*. Nommé professeur de musique, il enseigne à Canala, puis à l'île des Pins. En 1896 il est en poste à l'orphelinat de Saint-Léon à Païta où il restera jusqu'à sa mort, en 1922. Tout au long de son séjour en Calédonie il pratique la photographie ; il a un autre passe-temps : la taxidermie. Il lègue à la bibliothèque Bernheim une importante collection d'oiseaux naturalisés dont certaines espèces endémiques ont aujourd'hui disparu.

ARMAND, Léon
1835-1922

Né le 19 juin 1835 à Antibes (Var). Il est le fils d'un capitaine de frégate. La carrière de marin se présente à lui tout naturellement. Il y fait son apprentissage en tant qu'écrivain de la marine et séjourne en Océanie dès février 1856. En poste à Tahiti de 1859 jusqu'en mars 1868, il y sera successivement secrétaire-archiviste (janvier 1859), commis de marine (avril 1860), aide-commissaire (juin 1861), puis sous-commissaire (octobre 1867). En 1868 il revient à Nouméa, il y est promu commissaire adjoint (octobre 1875) et fait chevalier de la Légion d'honneur en 1876. Il est sous-directeur de la transportation (janvier 1880), puis directeur par intérim (juillet 1880), finalement directeur (septembre 1882). Il quitte la Calédonie le 29 janvier 1883 pour servir à Cayenne du 28 mars 1883 au 19 mars 1885, et obtient à ce poste sa dernière promotion de commissaire de marine (mai 1883) avant de faire valoir ses droits à la retraite. Il séjourne à Dakar du 14 juin 1886 au 18 juin 1887. Il meurt à Antibes le 13 mai 1922.

BERTIN, Eugène César Etienne
1849-1896

Né à Paris le 14 novembre 1849. Il arrive en Nouvelle-Calédonie le 10 octobre 1870. Sa carrière commence modestement en tant qu'écrivain de la marine. Il devient commis de la marine en décembre 1871, puis aide-commissaire en 1879. Il occupera diverses fonctions de chef administratif à Ducos et à l'île des Pins. Il quitte le sol calédonien le 3 avril 1880. Nommé ensuite à Dakar, il y séjournera du 29 mars 1881 au 26 mai 1883 et fait encore de la photographie. Il est officier d'académie en 1884. Appelé aux fonctions de gouverneur de troisième classe, chargé provisoirement du gouvernement de la Côte-d'Ivoire, il meurt le 13 mai 1896 en rade de Grand-Bassam à bord du paquebot qui l'amène à son poste.

BOURDAIS, Eugène
1826- ?

Né à Vannes (Morbihan) le 15 mai 1826. Il entre à l'âge de dix-neuf ans dans la marine comme écrivain le 5 mai 1845, puis est nommé aide-commissaire le

28 janvier 1854. Part de Brest sur *L'Aventure* le 20 mars de la même année pour servir de secrétaire au capitaine de vaisseau Du Bouzet, gouverneur des établissements de l'Océanie. Son livret militaire nous le présente comme un officier apprécié de sa hiérarchie. Il arrive dans les mers du Sud vers la fin de 1854 et en Calédonie le 18 janvier 1855. Il repart pour la France le 1er février 1856 et revient dans les premiers jours de 1857 avant de partir définitivement le 26 octobre 1858. A l'occasion de ce second voyage, il s'est muni d'un appareil photographique qu'il utilise parfois au cours de ses déplacements. Sa santé fragile l'oblige à prendre un long congé. Revenu à Cherbourg le 16 mars 1859, il repart le 7 mai 1860 rejoindre Du Bouzet, promu vice-amiral en poste à Alger. Ce dernier a demandé avec insistance au ministère que lui soit adjoint son dévoué secrétaire. Bourdais servira durant trois ans dans cette colonie, puis exercera encore à Rochefort et à Lorient avant de prendre sa retraite en juin 1870.

BRAY, Théotime Adolphe
1859-1936

Né le 7 mars 1859 à Thibivillers (Oise). Il entre au service de l'armée en 1877 et porte de 1882 à 1884 l'uniforme des zouaves en Algérie. Puis il se marie avec Claire-Eugénie Clabaux de qui il aura deux enfants : Gérald (1885) et Admée (1890). Il est au camp de Montravel en novembre 1890, à l'île Nou en novembre 1893, puis au redoutable Camp-Brun, camp disciplinaire réservé aux irréductibles de la cinquième catégorie. On le retrouve à Téremba en 1895, puis à Népoui en 1899. Il part pour la France en décembre 1900, puis sert en Guyane de juin 1901 à mars 1903. Il prend sa retraite en décembre 1903 et s'installe en brousse où il entreprend divers métiers. Il sera tour à tour chauffeur des premières automobiles de transport en commun, commerçant, employé de la société Le Nickel. Quand il meurt à Moindou en mai 1936 à l'âge de soixante-dix-sept ans, il a abandonné depuis longtemps sa passion photographique pour la TSF.

CANDELOT, Louis Albert
1840- ?

Né à Paris le 7 septembre 1840. Elève de Polytechnique, le lieutenant d'infanterie de marine Candelot séjourne en Nouvelle-Calédonie du 27 juillet 1864 au 17 mars 1869. Il participe à la guerre de 1870. Fait prisonnier à Sedan, il parvient à s'échapper. Promu capitaine, il séjourne une seconde fois en Calédonie du 5 novembre 1875 au 18 mars 1879. Il est présent en Cochinchine de 1885 à 1887, où il termine sa carrière au grade de chef d'escadron.

CHAPUY, André
1813-1882

Né à Vedène (Vaucluse) le 28 novembre 1813. Il est curé à Saint-Symphorien d'Avignon de 1839 à 1845. Une rencontre avec les maristes décide de sa vocation missionnaire. Il rentre au noviciat en 1846 et devient profès en 1847 ; en octobre de la même année il quitte à tout jamais la France pour servir comme missionnaire en Nouvelle-Calédonie. Il est à Anatom en mai 1848. Lorsque l'île est abandonnée en mars 1850, il s'installe à l'île des Pins où pendant dix ans il participera activement à l'établissement de la mission. De septembre 1854 à mai 1855, il fait un séjour à Balade pour imprimer, à l'aide de pierres lithographiques, la première publication de la mission catholique : un catéchisme en dialecte local. De 1861 à 1864, ses talents manuels sont de nouveau mis à contribution pour l'aménagement de la mission de Saint-Louis. En septembre 1865, il s'établit à l'île Ouen, une petite île du Sud calédonien. Bon navigateur, il dispose d'un bateau pour faire la tournée des paroisses côtières qui lui ont été confiées. Dans *Calédoniens*, Patrick O'Reilly dit de lui : "C'est un homme de merveilles. Non seulement il a converti les gens, mais il les a civilisés. Il les a si bien formés qu'ils se procurent par leurs travaux tout ce qui leur est nécessaire. Ils ont un magasin fort bien fourni d'étoffes, d'ustensiles, tenu par l'un d'entre eux, et ils trouvent dans le produit de leur pêche des ressources importantes." Chapuy meurt à l'île Ouen le 15 juin 1882.

DREMONT, Ambroise

Nous n'avons retrouvé aucun dossier administratif le concernant. Il fait partie des innombrables émigrants qui partent outre-mer à la recherche d'une vie meilleure.

DEVAMBEZ, Léon
1862- ?

Né en 1862 à Amiens (Somme). Il rejoint son frère éleveur en Calédonie en 1881. Il passe toute l'année 1885 dans le Nord de la Calédonie où il est chargé de la gestion et de l'aménagement de *stations* d'élevage pour le compte d'une maison de commerce, les établissements Ballande. Après quelques mois passés en France pour affaire familiale, de mars à décembre 1886, il reprend le métier de colon et achète l'année suivante une propriété de 980 hectares à Nassirah (qu'il mettra en gérance quelques mois plus tard). En novembre 1887, il rachète le studio de photographie Hagen et reçoit de l'administration une commande de trois cents vues pour la prochaine Exposition universelle de Paris. Il passe l'année 1888 à réaliser ce travail pour lequel il obtiendra une médaille de bronze. En 1889, il repart en France pour se marier et revient avec sa jeune épouse deux ans après. Quatre enfants naîtront de cette union. Sa propriété en brousse et son fonds de commerce photographique vendus, il reprend son travail chez Ballande. Après 1900, il s'installera aux Nouvelles-Hébrides comme planteur de café. Officier de réserve, il part en 1917 pour la Grande Guerre et obtient à son retour le poste de résident à l'île des Pins.

DUFTY, Alfred-William
1856- ?

(Voir *Dufty Edouard-Henri*.) Alfred arrive en Calédonie en 1877 pour remplacer son frère Edouard parti pour Melbourne. Il travaille à l'atelier de photographie auprès de Walter jusqu'en 1879.

DUFTY, Edouard-Henri
1850-1897

Les frères Dufty sont une dynastie de photographes d'origine anglaise qui s'installent à Suva, aux îles

Fidji, en 1871. Ils sont quatre frères plus ou moins exercés à diriger un atelier de photographie. Trois d'entre eux exercent à diverses époques en Nouvelle-Calédonie. En 1875, Edouard et son frère Walter créent la succursale à Nouméa. En 1877, Edouard part à Melbourne pour d'autres affaires et est remplacé par Alfred. Il est de retour en 1891 et exercera jusqu'à sa mort en 1897. Le studio est alors tenue par sa veuve qui exerce encore en 1900.

DUFTY, Walter-Frédéric
1852- ?

Fondateur avec son frère Edouard de l'atelier de Nouméa, Walter est vraisemblablement l'auteur de la majorité des prises de vue, ses frères lui servant d'assistants. Deux ans plus tard, en 1877, Alfred remplace Edouard, puis en 1879 Walter et Edouard partent pour l'Australie. Walter revient au début de l'année 1883 accompagné d'un associé nommé James Peace. L'association est éphémère et finalement dissoute pour dettes en mars 1884. Walter continue seul et vend son studio à un commerçant de la place, Nicolas Hagen, pour qui il travaille désormais. En 1887 il quitte définitivement la Calédonie et le studio sera revendu à Léon Devambez.

GRESLAN, Evenor de
1839-1900

Né en 1839 à la Réunion où la culture de la canne à sucre traverse une grave crise, de Greslan choisit d'émigrer en 1865 vers la Nouvelle-Calédonie, territoire alors plein de promesses. Il bâtit la seconde rhumerie de l'île et obtient ainsi la récompense promise par le gouvernement local : une concession de 500 hectares. Homme doté d'une grande vitalité, il participera activement durant toute sa vie à l'œuvre de colonisation. Dans une notice qui lui est consacrée, le père O'Reilly écrit : "Passionné par tout ce qui a trait à l'agriculture, on lui doit l'introduction du premier baudet, des buffles, des paons et des pintades. Il acclimate également nombre d'arbres fruitiers et plantes comestibles. Il dresse le catalogue raisonné de toutes les variétés de cannes à sucre et sa monographie est un livre définitif." Il participe à de nombreuses expositions où il obtient plusieurs récompenses et occupe différents postes de conseiller colonial. Il s'éteint à Nouméa le 4 septembre 1900.

HUGHAN, Allan
1834-1883

Sujet britannique né en 1834. Capitaine au long cours qui, après un naufrage en 1871 sur les côtes calédoniennes, décide de s'installer dans la colonie pour y exercer le métier de photographe. Il est accompagné de sa femme et de ses deux filles (deux autres filles naîtront par la suite à Nouméa). Les Hughan sont musiciens ; Mme Hughan joue du piano et donne des leçons, lui joue de la flûte. La famille Hughan compte parmi les membres les plus actifs de la société anglaise de Nouméa. Artiste photographe de talent et amateur sensible, il réalise durant les douze années de son activité commerciale la plus remarquable collection de vues de l'archipel. Il photographiera exclusivement la Calédonie et sera le seul praticien à approcher les déportés de la Commune. En mars 1876, Hughan se voit décerner une médaille d'argent à l'exposition de Nouméa. Il meurt à La Tamoa le 16 novembre 1883.

MITRIDE, Charles
1871-1936

Né à Saint-Denis de la Réunion en 1871, fils aîné d'une famille de vingt enfants. Il entre dans l'administration des Postes en 1896 et achète aussitôt un appareil photo. Il utilise des plaques au gélatinobromure au format 13 x 18 cm qu'il commande régulièrement à Nouméa. Ses clichés retracent l'existence des colons, des forçats et des indigènes qui cohabitent dans la brousse calédonienne. Certains de ses tirages serviront à illustrer des cartes postales. Il prendra sa retraite en 1928. Quelques années avant sa mort, survenue le 13 octobre 1936, une crue de la rivière détruit toute la collection de plaques négatives entreposée dans sa maison à La Foa.

NÉTHING, Charles
1866-1947

Charles Billiard, dit "Néthing", est né à Paris en 1866. Il arrive en mars 1889 à Nouméa et travaille à l'atelier photographique de Léon Devambez. Quelques mois plus tard, il rachète le fonds de commerce et succède à Devambez. La riche collection de clichés, qu'il prend tout au long de sa longue carrière, servira à illustrer de nombreux ouvrages. Les éditeurs de cartes postales (principalement le commerçant William-Henri Caporn) diffuseront nombre de ses photos. Vers 1914, il édite à son compte une série de vingt cartes postales. En 1922, il délaisse la pratique photographique, retourne en métropole et se consacre à l'écriture. Il collabore à de nombreuses revues et journaux dont *L'Indépendant belge*, *Le Courrier australien*, *L'Aventure*, *Le Petit Journal*, *Les Annales coloniales*. En 1924, il publie un article pour le Touring Club de France intitulé *La Nouvelle-Calédonie touristique et pittoresque*, illustré par cent vingt-cinq de ses photos. En 1926, il écrit un roman, *A l'ombre de Satan à "La Nouvelle"*. Il meurt à Corbeil en 1947.

PEACE, James

Il arrive à Nouméa au début de l'année 1883. Il accompagne Walter Dufty en tant qu'assistant. Il propose à la clientèle potentielle des *christal-ivory-type*, un nouveau procédé qui consiste à fixer l'image positive sur un verre blanc opaline. Lorsque l'association entre les deux hommes est dissoute, il se met à son compte et travaille dans la colonie jusqu'en 1895. Vers 1889, il réalise une magnifique série de vues prises dans différentes îles des Nouvelles-Hébrides.

ROBIN, Ernest
1844-après 1904

Né au Havre (Seine-Inférieure) le 24 février 1844. Il tente l'aventure en Angleterre, puis en Australie. Sa santé fragile le dirige vers la Nouvelle-Calédonie où il débarque en septembre 1866 avec l'intention d'exercer le métier de photographe. Malgré de fort beaux reportages, ses espoirs sont déçus faute d'une clientèle suffisante. Il sollicite un emploi auprès de l'administration locale et obtient un poste d'écrivain de la marine le 25 décembre 1868. Il est commis de marine le 16 décembre 1871, puis démissionne en 1875 pour être mis hors cadre et servir dans l'administration intérieure de la colonie où il travaille jusqu'à son départ en février 1881. Il poursuit sa carrière dans l'administration fiscale et devient percepteur des impôts dans son département natal où l'on retrouve sa trace jusqu'en 1904. Le 12 novembre 1873, un certain Vanostal, photographe à Paris, fait paraître dans *Le Moniteur* une annonce dans laquelle le soussigné déclare avoir acheté le matériel ainsi que les droits de reproduction de Robin. Cet avis reste pour nous mystérieux : nous n'avons jamais trouvé la moindre trace de ce Vanostal. Robin reste toutefois propriétaire de ses clichés car en 1889 il prête ses négatifs à la Société de géographie de Paris afin qu'elle réalise des tirages pour ses collections. (Collection déposée au département des cartes et plans de la Bibliothèque nationale. Les albums qui se trouvent au département des estampes et de la photographie sont vraisemblablement ses albums personnels.) Il subsiste du travail de Robin plusieurs albums.

SERVAIS François, *dit* "Arthur"
1846- ?

Né à Rethel (Ardennes) le 7 juin 1846. Graveur condamné à douze ans de travaux forcés pour contrefaçon et émission de billets de banque. Il arrive en Calédonie le 9 juin 1878. Placé au centre pénitentiaire agricole de Bourail, il y obtient une concession en septembre 1880. Il pratique la photographie dès 1887, encouragé par l'administration pénitentiaire qui lui fournit ses instruments. Après avoir été libéré en novembre 1888, il fonde quelques mois plus tard une imprimerie lithographique qui imprimera en 1889 le premier journal de la brousse.

SERVAIS Jules, *dit* "Léon"
1851- ?

Frère cadet du précédent, né à Rethel le 21 juillet 1851, il suit obstinément les traces de son aîné et semble l'assister dans tous ses projets. Ils sont tous deux présents en Calédonie en 1908, année de leur réhabilitation.

Chronologie historique de la Nouvelle-Calédonie

1774   Le 4 septembre, le capitaine James Cook découvre la Nouvelle-Calédonie.

1788   La Pérouse, suivant les instructions du roi Louis XVI, fait relâche en divers points de la côte calédonienne avant que ses navires *L'Astrolabe* et *La Boussole* ne se perdent sur les récifs de Vanikoro dans l'archipel des Salomon.

1792   Parti pour le retrouver, d'Entrecasteaux avec *La Recherche* et *L'Espérance* longe la côte ouest de la "Grande Terre".

1803   Hydrographie de la baie de Saint-Vincent par le navire HMS Buffalo (capitaine Kent).

1827   Dumont d'Urville, sur *L'Astrolabe*, reconnaît les îles Loyauté.

1841   Le *Candem* de la London Missionary Society dépose deux *teachers* des Samoa chez les Tuauru dans le Sud calédonien (ils y resteront quatre ans). Nombreuses visites de navires santaliers australiens qui commercent avec les indigènes, principalement à Hienghène, à l'île des Pins et aux îles Loyauté.

1843   Le 21 décembre, *Le Bucéphale*, navire de la marine française, débarque à Balade les premiers missionnaires maristes. Un pavillon français est laissé à la mission.

1844   Paddon, capitaine anglais, achète au grand chef Quindo l'île Nou et s'y installe.

1845   *Le Rhin* fait escale à Balade pour ravitailler les missionnaires. L'artiste Meyrion, à son bord, réalise quelques croquis.

1846   Naufrage à Balade de *La Seine*, le navire venant retirer les couleurs françaises.

1847   La mission de Balade est attaquée et détruite, un frère mariste est tué. Les missionnaires sont évacués par *La Brillante* et partent se réfugier à Sydney.

1848   Le 14 mai, quelques maristes reviennent et s'installent à Anatom (Nouvelles-Hébrides). **Le 28 mai, Le R. P. Chapuy débarque à Anatom avec un appareil à daguerréotyper.** Le 3 août, départ du R. P. Goujon pour l'île des Pins. La mission est inaugurée le 15 août.

1849   Passage du *Havanha* (commandant Eskrine).

1850   Massacre des treize hommes du canot de *L'Alcmène* lors de l'hydrographie de la côte est.

1853   Le 24 septembre, à Balade, le contre-amiral Febvrier Despointes prend possession de l'île au nom de la France. La cérémonie se répète à l'île des Pins trois jours plus tard. La Nouvelle-Calédonie devient une colonie française.

1854   Le 30 mai, Tardy de Montravel choisit un chef-lieu qu'il nomme Port-de-France et commence les travaux d'installation du fort Constantine.

1855   Le 20 janvier, déclaration du gouverneur Du Bouzet qui proclame l'appartenance de toutes les terres de la Nouvelle-Calédonie à la France. Publication à Balade, par la mission catholique, d'un livre de prières en langue indigène entièrement lithographié.

1856   Sept chercheurs d'or venus d'Australie sont massacrés près de Canala. **Léon Armand, lieutenant d'infanterie de marine, réalise les premières prises de vue de Port-de-France.**

1857   Assassinat au Mont-Dore du colon Bérard, ancien commissaire de la marine, avec vingt-six de ses compagnons.

1857   **Eugène Bourdais, secrétaire du gouverneur des établissements de l'Océanie, utilise le calotype et les plaques au collodion à Tahiti et en Nouvelle-Calédonie. L'indigène Zemma pose dans un atelier parisien. Son portrait paraît dans *L'Illustration*.**

1859   Création d'un service postal. Le sergent Triquera lithographie la première planche de timbres. L'administration de la Nouvelle-Calédonie est séparée de celle de Tahiti. Parution du premier numéro du journal *Le Moniteur impérial de la Nouvelle-Calédonie*.

1860   La Calédonie détachée des établissements français de l'Océanie crée son propre gouvernement. **Philippe Potteau, photographe du Muséum de Paris, reçoit et tire le portrait de face et de profil de deux Néo-Calédoniens.**

1862 Arrivée du contre-amiral Guillain, premier gouverneur à part entière, qui restera en poste jusqu'en 1870.

1863 La Calédonie est choisie comme lieu de transportation.

1864 L'ingénieur J. Garnier en mission d'exploration signale la présence de nickel.
L'*Iphigénie* débarque à l'île Nou le premier convoi de deux cent cinquante condamnés.
Ambroise Dremont invite les habitants de Port-de-France à une démonstration publique de photographie.
Albert Candelot, lieutenant d'infanterie de marine, arrive dans la colonie.

1865 Deux équipages sont massacrés et mangés dans le Nord-Ouest de l'île.
Inauguration d'une usine à sucre à Koé.

1866 Le 2 juin, le nom de la ville change : Port-de-France devient officiellement Nouméa.
Evenor de Greslan et Ernest Robin réalisent leurs premières prises de vue ; Schroeder et Guy, photographes itinérants, sont de passage sur l'île ; Joseph Schoer débarque à Nouméa.

1867 Troubles et assassinats dans la région de Pouébo ; dix indigènes sont condamnés à mort.

1870 Découverte de l'or dans le Nord calédonien.

1871 Le steamer *Havilah* inaugure le service postal.
Allan Hughan, ancien capitaine au long cours, ouvre le premier studio professionnel.

1872 Arrivée par la *Danaé* du premier convoi de déportés de la Commune. Jusqu'à l'amnistie générale de 1880, plus de quatre mille déportés seront envoyés en Nouvelle-Calédonie.
Découverte de cuivre dans le Nord calédonien.

1874 Evasion d'Henri Rochefort de la presqu'île Ducos.
Parution du premier journal privé, *Les Petites Affiches.*
Création d'un conseil municipal à Nouméa. Le maire est nommé par l'administration.
Découverte de minerai de cobalt. Rush sur le nickel.
Alfred Angot photographie le passage de la planète Vénus devant le Soleil.

1875 **Les frères Edouard et Walter Dufty ouvrent à Nouméa le Salon photographique.**
B. Goode, itinérant venu de Sydney, séjourne à Nouméa plusieurs semaines.

1877 Première fonte de nickel calédonien.
Une conduite d'eau est construite pour desservir la ville de Nouméa.

1878 Insurrection indigène. L'arrondissement d'Uaraï est en état de siège. Deux cents colons et soldats périssent du côté des Français ; faute de statistiques, on considère que le nombre des victimes s'élève à environ un millier du côté des insurgés.

1880 Fondation à Paris de la société Le Nickel.

1883 *Le Natal*, paquebot de la société des Messageries maritimes, inaugure la ligne Nouméa-Marseille.
James Peace venu de Sydney travaille avec Walter Dufty.
L'aviso *Le Bruat* (capitaine Bernier) rapporte et expose des reliques provenant des épaves de l'expédition de La Pérouse.

1887 **Léon Devambez, colon éleveur, rachète le studio Hagen tenu par Walter Dufty.**
Les frères Servais, forçats concessionnaires, obtiennent de l'administration un appareil photographique ; ils ouvriront l'unique atelier photographique de brousse.

1889 **Charles Billiard, dit Néthing, arrive à Nouméa et devient l'assistant de Léon Devambez.**

1891 Arrivée du vapeur *Cheribon* avec à son bord sept cents condamnés tonkinois qui seront utilisés comme main-d'œuvre.

1893 Un câble relie la Nouvelle-Calédonie à l'Australie.

1894 Arrivée de l'énergique gouverneur Feillet qui encourage la colonisation libre et favorise l'installation de nouveaux colons. Il réduit la puissance de l'administration pénitentiaire, puis stoppe l'envoi de forçats vers la Calédonie.
Création de la réserve et de l'indigénat.

1897 Première séance de cinématographe à l'hôtel de ville de Nouméa.

1900 Commercialisation de la carte postale illustrée.

171

Bibliographie

ALIBERT Pierre et BROU Bernard, *Images au collodion. Nouvelle-Calédonie, 1860-1930*, éd. NEC, Nouméa, 1978.

BERNARD Augustin, *L'Archipel de la Nouvelle-Calédonie*, éd. Hachette Paris, 1895.

BRAINNE Charles, *La Nouvelle-Calédonie. Missions, mœurs, colonisation*, Hachette, Paris, 1854.

BRAY J. S., *Illustration of Ethnology with Description of Specimens from New Hebrides, Solomon Islands, New Caledonia…*, Sydney, 1887.

BROU Bernard, *Histoire de la Nouvelle-Calédonie. Les temps modernes, 1774-1925*, Société d'études historiques de la Nouvelle-Calédonie, n° 4, Nouméa, 1973.

CAROL Jean, *Le Bagne*, P. Ollendorf, Paris, 1903 (nombreuses illustrations photographiques).

CHATELET Louis, *Les Missionnaires de la Nouvelle-Calédonie. Rapport sur l'œuvre de Saint-Léonard*, Imprimerie catholique, Saint-Louis, 1899 (photographie en frontispice montrant les bâtiments de l'œuvre).

COQUILHAT Georges, *La Presse en Nouvelle-Calédonie au XIXe siècle*, Société d'études historiques de la Nouvelle-Calédonie, n° 38, Nouméa, 1987.

DELBOS Georges, *L'Eglise catholique en Nouvelle-Calédonie*, Desclée, Paris, 1993.

DUFOUR-DEVAMBEZ Geneviève, *Charles Devambez, pionnier en Nouvelle-Calédonie*, Editions Scriba, Apt, 1990.

FOUCHER Emile, *Coup d'œil rétrospectif sur les premières années de l'occupation de la Nouvelle-Calédonie*, Imprimerie nouméenne, Nouméa, 1890.

GARNIER Jules, *Voyage autour du monde. Océanie. Les îles des Pins, Loyalty et Tahiti*, Plon, Paris, 1871.

GARNIER Jules, *Voyage autour du monde. La Nouvelle-Calédonie, côte orientale*, Plon, Paris, 1871.

GARNIER Jules, "Voyage à la Nouvelle-Calédonie, 1863-1866", *Le Tour du monde*, tome 16 (1867) et tome 18 (1869).

GRESLAN Evenor de, "De l'industrie sucrière en Nouvelle-Calédonie", *Le Moniteur impérial de la Nouvelle-Calédonie*, n° 375 du 2 décembre 1866.

GRESLAN Evenor de, "De la culture du riz par M. Pion et Albaret, à Canala", *Le Moniteur de la Nouvelle-Calédonie*, n° 440 du 1er mars 1868.

GRESLAN Evenor de et BALANSA Benjamin, "Rapport sur la destruction des sauterelles", *Le Moniteur impérial de la Nouvelle-Calédonie*, n° 589 du 8 janvier 1871.

Journal de la Société des océanistes, n° 9, Paris, décembre 1953.

LAUGIER E., "Rapport sur le choix des stations et le matériel astronomique", *Connaissance des temps*, Paris, 1874.

LE GOUPILS Marc, *Comment on cesse d'être colon. Six années en Nouvelle-Calédonie*, Grasset, Paris, 1910.

LECUYER Raymond, *Histoire de la photographie*, Baschet, Paris, 1945.

LEMIRE Charles, *Voyage à pied en Nouvelle-Calédonie, 1853-1953*, éd. Challamel, Paris, 1884.

MARIOTTI Jean, *Nouvelle-Calédonie, 1853-1953*, Paris, 1953.

NÉTHING Charles, *A l'ombre de Satan à "La Nouvelle"*, E. Figuière éditeur, Paris, 1930.

NÉTHING Charles, *La Nouvelle-Calédonie touristique et pittoresque*, Touring Club de France, Paris, 1924.

Notice sur la déportation à la Nouvelle-Calédonie, Imprimerie nationale, Paris, 1874.

Notice sur la transportation à la Guyane et à la Nouvelle-Calédonie, Imprimerie nationale, Paris, 1885.

O'REILLY Patrick, *Bibliographie de la Nouvelle-Calédonie*, Société des océanistes, n° 4, Paris, 1955.

O'REILLY Patrick, *Calédoniens*, Société des océanistes, Paris, 1980.

O'REILLY Patrick, *Photographies de Nouvelle-Calédonie*, Nouvelles Editions latines, Paris, 1978.

O'REILLY Patrick et Jean POIRIER, *Nouvelle-Calédonie, documents iconographiques anciens*, Nouvelles Éditions latines, Paris, 1953.

PISIER Georges, *L'Ile des Pins*, Société d'études de la Nouvelle-Calédonie, n° 1, Nouméa, 1971.

POURRAT Henry, *L'Epopée de Guillaume Douarre*, Flammarion, Paris, 1953.

PUISEUX, "Rapport fait au bureau des longitudes. Passage de Vénus sur le Soleil et Note sur la détermination de la parallaxe du Soleil", *Connaissance des temps*, Paris, 1874.

RAOUL E., "La Nouvelle-Calédonie. Exposition coloniale de 1889", *Les Colonies françaises. Colonies et protectorats de l'océan Pacifique*, tome 4, Paris, 1889 (illustré de vingt vignettes dessinées d'après des photographies).

ROCHARD Sophie, *La Photographie et la presse illustrée, 1853-1870*, mémoire de maîtrise, Paris-IV-Sorbonne, 1992.

ROZIER Claude, *La Nouvelle-Calédonie ancienne*, Fayard, Paris, 1990.

RUSSIER Henri, *Le Partage de l'Océanie*, Paris, 1905.

SALINIS de, *Marins et missionnaires. Conquête de la Nouvelle-Calédonie*, 7e éd., V. Retaux et fils, Paris, 1892.

SARASIN Fritz, *La Nouvelle-Calédonie et les îles Loyauté*, Fischbacher, Paris, 1917.

SAVOIE Clovis, *Dans l'océan Pacifique. Histoire de la Nouvelle-Calédonie et de ses dépendances sous les gouverneurs militaires*, Imprimerie nationale, Nouméa, 1922.

SHINEBERG Dorothy, *They came for sandalwood*, Melbourne University Press, 1967.

VILLAZ Michel, *Débuts d'un émigrant en Nouvelle-Calédonie*, préface du gouverneur Feillet, Challamel, Paris, 1897.

Publications et périodiques

Le Moniteur impérial de la Nouvelle-Calédonie (puis *Le Moniteur de la Nouvelle-Calédonie*), journal officiel de la colonie, 1859-1886, Imprimerie du gouvernement, in-folio.

L'Album de l'île des Pins, journal hebdomadaire publié à l'île des Pins par des déportés de la Commune, 1878-1879. Les textes et les illustrations sont imprimés en lithographie.

Le Parisien illustré, journal hebdomadaire publié à l'île des Pins et imprimé en lithographie, 1878.

Liste des illustrations

Crédit photographique : sauf mention contraire, les photographies appartiennent à la collection Serge Kakou, Paris.
Les légendes en italiques figurant entre guillemets sont les légendes de l'époque.

Photographie de première de couverture
CHARLES NÉTHING, *"Indigènes calédoniens, tenue de pilou, vers 1895* (tirage albuminé d'après un négatif verre, 16,6 x 11,8 cm).

Photographie de quatrième de couverture
ALLAN HUGHAN, case de Bouarate, dit "Philippe", chef de Hienghène, 1874 (tirage albuminé d'après un négatif au collodion, 20 x 15,5 cm).

1. ALLAN HUGHAN, *type néo-calédonien, vers 1875* (tirage albuminé d'après un négatif au collodion, carte de visite).

2. LES FRÈRES DUFTY, *Néo-Calédonienne et armes kanaques, vers 1880* (tirage albuminé d'après un négatif au collodion, 19,7 x 13,7 cm).

3. PAUL ÉMILE MIOT, *vue instantanée prise au cours de la campagne de L'Astrée en Océanie, vers 1870* (tirage albuminé d'après un négatif au collodion, 21 x 26,5 cm).

4. EUGÈNE BOURDAIS, *le blockaus de Balade (détail), vers 1857-1858* (détail de la photographie reproduite p. 38-39).

5. ANDRÉ CHAPUY, *missionnaires en partance pour l'Océanie, Toulon, octobre 1847* (tirage albuminé réalisé vers 1860 reproduisant un daguerréotype, aujourd'hui non localisé, collection des pères maristes, Rome).

6. ANONYME, *le père Colin, fondateur de la société de Marie, vers 1845* (tirage argentique réalisé par l'atelier Nadar vers 1890 reproduisant un daguerréotype aujourd'hui non localisé).

7. ANONYME, *monseigneur Douarre avant son départ sur Le Cocyte, Toulon, le 13 octobre 1848* (tirage albuminé réalisé vers 1860 reproduisant un daguerréotype, aujourd'hui non localisé).

8. ANDRÉ CHAPUY, *missionnaires autour de monseigneur Douarre, Anatom, le 29 décembre 1849* (daguerréotype quart de plaque, collection des pères maristes, musée de la Neylière).

9. ANDRÉ CHAPUY, *Prosper Goujon et Koua-Vendegou, chef de l'île des Pins, vers 1850* (document reproduit dans *Arts et Métiers graphiques, Photographie 1930*, format inconnu et collection non localisée).

10. ANDRÉ CHAPUY, *"Ile des Pins, jeunes gens armés de lances", 1856-1862* (daguerréotype 1/9 de plaque).

11. ANONYME, *le père Goujon avant son départ pour les missions, vers 1848* (tirage albuminé réalisé vers 1860, carte de visite reproduisant un daguerréotype aujourd'hui non localisé).

12. ANONYME, *l'église du père Chapuy à l'île Ouen, vers 1880* (tirage albuminé d'après un négatif en verre, 7,6 x 10,7 cm).

13. ANDRÉ CHAPUY, *le père Goujon à l'île des Pins entouré de fillettes indigènes, vers 1850* (tirage albuminé réalisé vers 1860, carte de visite reproduisant un daguerréotype, aujourd'hui non localisé).

14. LÉON ARMAND, *"Le Styx et la Thisbé au mouillage de Port-de-France", 1858* (tirage albuminé d'après un négatif au collodion, 8,1 x 12,8 cm).

15. EUGÈNE BOURDAIS, *"Nouvelle-Calédonie, Port-de-France, vue du sémaphore", 1858* (tirage sur papier salé albuminé d'après négatif papier, 19,7 x 25,8 cm).

16. LÉON ARMAND, *"Quindo, chef calédonien", vers 1856* (tirage sur papier salé albuminé d'après un négatif au collodion, 15,1 x 9,8 cm).

17. LÉON ARMAND, *"Barechou, caporal de la 4ᵉ compagnie du 2ᵉ d'infanterie de marine", vers 1859* (tirage sur papier salé albuminé d'après un négatif au collodion, 12,8 x 10,2 cm).

18. LÉON ARMAND, *"M. Bérard, massacré avec ses compagnons", 1856* (tirage sur papier salé albuminé d'après un négatif au collodion, 17,1 x 12,2 cm).

19. LÉON ARMAND, *"Boitaouré", 1856-1859* (tirage sur papier salé albuminé d'après un négatif au collodion, 15,7 x 12,2 cm).

20. LÉON ARMAND, *"Boitiarébandi", 1856-1859* (tirage sur papier salé albuminé d'après un négatif au collodion, 9,5 x 7,8 cm).

21. EUGÈNE BOURDAIS, *"Port-de-France, vue de la petite rade", vers 1858* (tirage sur papier salé albuminé d'après un négatif au collodion, 17,3 x 23,1 cm).

22. EUGÈNE BOURDAIS, *mission de La Conception, vers 1858* (tirage sur papier salé d'après un négatif papier, 19,7 x 25,6 cm).

23. EUGÈNE BOURDAIS, *"Nouvelle-Calédonie, Balade, le blockhaus", 1857-1858* (tirage sur papier salé d'après un négatif papier, 19,8 x 25,8 cm).

24. ANONYME, *Port-de-France, vue prise de la butte Conneau, 1864* (tirage albuminé d'après une plaque au collodion, 3,9 x 11,1 cm).

25. ALBERT CANDELOT, *Port-de-France, la direction de l'artillerie, vers 1865* (tirage albuminé d'après un négatif au collodion, 13,1 x 20,2 cm).

26. ANONYME ANGLAIS, *le Curacoa et le Falcon en rade de Sydney, 1865* (tirage albuminé d'après un négatif au collodion, 11,5 x 15 cm), coll. privée.

27. ANONYME ANGLAIS, *le gouverneur Guillain, sa femme et l'ingénieur Boutan, 1865* (tirage albuminé d'après un négatif au collodion, 21,4 x 26,2 cm), coll. privée.

28. ANONYME ANGLAIS, *Port-de-France, la rue Sébastopol vue du gouvernement, 1865* (tirage albuminé d'après un négatif au collodion, 20,6 x 26,7 cm), coll. privée.

29. ERNEST ROBIN, *"Nouméa, vue prise du sémaphore", vers 1868* (tirage albuminé d'après un négatif au collodion, 18,5 x 15 cm).

30. ERNEST ROBIN, *panorama du bagne de l'île Nou, vers 1870* (tirage albuminé d'après un négatif verre, 16 x 69,5 cm).

31. ERNEST ROBIN, *Nouméa, la rue de l'Alma, 1867* (tirage albuminé d'après un négatif au collodion, 13 x 18,7 cm).

32. ERNEST ROBIN, *panorama de Nouméa, pris du fort Constantine, vers 1867* (tirage albuminé d'après un négatif au collodion, 16 x 69,5 cm).

33. ANONYME, *"Rade de Nouméa, 15 août 1869"* (tirage albuminé d'après un négatif au collodion, 10,5 x 13,5 cm).

34. ÉVENOR DE GRESLAN, *Famille kanake en voyage, vers 1867* (tirage albuminé d'après une plaque au collodion, 11,2 x 16,7 cm).

35. ÉVENOR DE GRESLAN, *"Kanacks cuisant des ignames, baie Lebris", 1867* (tirage albuminé d'après un négatif au collodion, 11,3 x 16,7 cm).

36. ÉVENOR DE GRESLAN, *"Néo-Calédoniennes, vers 1867"* (tirage albuminé d'après un négatif au collodion, format carte de visite, 9,1 x 5,4 cm).

37. ÉVENOR DE GRESLAN, *"Réunion des chefs de Bouraye", 1867* (tirage albuminé d'après un négatif au collodion, 11,3 x 16,7 cm).

38. ERNEST ROBIN, *"Titéma dit Wattom, chef des Houassios, côte sud-est", 1866* (tirage albuminé d'après un négatif au collodion, 18,5 x 13,3 cm).

39. ERNEST ROBIN, *homme d'Ouvéa, vers 1870* (tirage albuminé d'après un négatif au collodion, 17,4 x 12,1 cm).

40. ERNEST ROBIN, *"Pirogue de la rivière de Monéo", 1867* (tirage albuminé d'après un négatif au collodion, 16 x 21,7 cm).

41. ERNEST ROBIN, *"Case du chef Mango après un cyclone", 1866* (tirage albuminé d'après un négatif au collodion, 13 x 17,1 cm).

42. ERNEST ROBIN, *"Kanacks de Kanala devant le vieux tabou de Gélima, côte est", 1867* (tirage albuminé d'après un négatif au collodion, 12,6 x 20,1 cm).

43. ERNEST ROBIN, *"Sortie de messe à Pouébo, côte nord-est", 1867* (tirage cyanotype d'après un négatif au collodion, 13,1 x 20 cm).

44. ERNEST ROBIN, *"Femmes de la tribu de Néfoué", vers 1870* (tirage albuminé d'après un négatif au collodion, 15 x 18,7 cm).

45. ERNEST ROBIN, *"Cascade de Bâ, baie Lebris, côte est", 1867* (tirage albuminé d'après un négatif au collodion, 20,6 x 14,6 cm).

46. ALLAN HUGHAN, *portrait du grand chef Kaké, vers 1875* (tirage albuminé d'après un négatif au collodion, format carte de visite).

47. ALLAN HUGHAN, *Nouméa, la ville vue du sémaphore, vers 1873* (tirage albuminé d'après un négatif au collodion, 14,5 x 19 cm).

48. ALLAN HUGHAN, *Nouméa, la banque Marchand et les marais du centre-ville, vers 1873* (tirage albuminé d'après un négatif au collodion, 14,4 x 19 cm).

49. ALLAN HUGHAN, *"Camp de l'infanterie de marine, Bourail", 1874* (tirage albuminé d'après un négatif au collodion, 15 x 20,6 cm).

50. ALLAN HUGHAN, *"Campement de déportés, île des Pins", 1872* (tirage albuminé d'après un négatif au collodion, 15,5 x 19,9 cm).

51. ALLAN HUGHAN, *case d'un déporté tourneur sur bois, île des Pins, 1876* (tirage albuminé d'après un négatif au collodion, 15,2 x 20,1 cm).

52. ALLAN HUGHAN, *"Concessions de déportés à l'île des Pins", 1876* (tirage albuminé d'après un négatif au collodion, 15,3 x 20,1 cm).

53. ALLAN HUGHAN, *troupe d'infanterie de marine en garnison, vers 1874* (tirage albuminé d'après un négatif au collodion, 10,4 x 15,1 cm).

54. ALLAN HUGHAN, *les Kabyles déportés, cinquième commune, île des Pins, 1876* (tirage albuminé d'après un négatif au collodion, 15,5 x 19,3 cm).

55. ALLAN HUGHAN, *autoportrait avec le colon Laurie à Canala, 1874* (tirage albuminé d'après un négatif au collodion, 14,9 x 19,9 cm).

56. ALLAN HUGHAN, *"Une halte à Ouaraïl", 1874* (tirage albuminé d'après un négatif au collodion, 15,4 x 20 cm).

57. ALLAN HUGHAN, *"Forêt à Kouindi, chaîne centrale", 1874* (tirage albuminé d'après un négatif au collodion, 20,1 x 15,4 cm).

58. ALLAN HUGHAN, *tribu du chef Nondo à Canala, 1874* (tirage albuminé d'après un négatif au collodion, 14,6 x 20,2 cm).

59. ALLAN HUGHAN, *"Case du chef Gélima à Canala", 1874* (tirage albuminé d'après un négatif au collodion, 19,9 x 15,5 cm).

60. ALLAN HUGHAN, *"Mine de cuivre à Balade", 1874* (tirage albuminé d'après une plaque au collodion, 15,1 x 20,3 cm).

61. ALLAN HUGHAN, *"Séchage du café, propriété Laurie à Canala", 1874* (tirage albuminé d'après une plaque au collodion, 15,2 x 19,6 cm).

62. ALLAN HUGHAN, *pirogues du chef Samuel à Vao, île des Pins, 1876* (tirage albuminé d'après un négatif au collodion, 15,7 x 20,1 cm).

63. ALLAN HUGHAN, *"Mission de Vao, sortie de messe", 1876* (tirage albuminé d'après une plaque au collodion, 15,3 x 20,4 cm).

64. ALLAN HUGHAN, *boulevard du crime, pénitencier de l'île Nou, 1877* (tirage albuminé d'après un négatif au collodion, 13,9 x 19,1 cm).

65. ALLAN HUGHAN, *police indigène recrutée par l'administration pour rechercher les forçats évadés, 1878* (tirage albuminé d'après un négatif au collodion, 15,4 x 19,9 cm).

66-68. ALLAN HUGHAN, *études sous les bananiers, mission de Saint-Louis, 1878* (trois tirages albuminés d'après des négatifs au collodion, 15,4 x 20 cm).

69. ALLAN HUGHAN, *le père Vigouroux, directeur de l'établissement de Saint-Louis, 1878* (tirage albuminé d'après un négatif au collodion, 20,3 x 15,4 cm).

70. ALLAN HUGHAN, *groupe de travailleurs à Saint-Louis, 1878* (tirage albuminé d'après un négatif au collodion, 15 x 20 cm).

71. ALLAN HUGHAN, *arasement de la butte Conneau, 1876* (tirage albuminé d'après un négatif au collodion, 15,4 x 20 cm).

72. ALLAN HUGHAN, *fonderie de minerai de nickel, Nouméa, pointe Chaleix, 1877* (tirage albuminé d'après un négatif au collodion, 15 x 20 cm).

73. ALLAN HUGHAN, *vue générale de Nouméa, 1874* (tirage albuminé d'après un négatif au collodion, 15,4 x 20 cm).

74. ALLAN HUGHAN, *le kiosque à musique de Nouméa, 1881* (tirage albuminé d'après un négatif au collodion, 15,3 x 19,9 cm).

75. WALTER DUFTY, *pique-nique à Ouvéa, vers 1885* (tirage albuminé d'après un négatif au collodion, 15,9 x 20 cm).

76. LES FRÈRES DUFTY, *bords de mer à Lifou, îles Loyauté, vers 1880* (tirage albuminé d'après un négatif au collodion, 15,3 x 19,9 cm).

77. LES FRÈRES DUFTY, *paysage pris dans la tribu de Ny près de Bourail, vers 1880* (tirage albuminé d'après un négatif au collodion, 13,7 x 20,1 cm).

78. LES FRÈRES DUFTY, *groupe indigène de la région de Canala, vers 1880* (tirage albuminé d'après un négatif au collodion, 23,4 x 17,6 cm).

79. LES FRÈRES DUFTY, *les cachots du pénitencier de l'île Nou, vers 1880* (tirage albuminé d'après un négatif au collodion, 17,1 x 20,1 cm).

80. LES FRÈRES DUFTY, *coupe des cheveux au pénitencier de l'île Nou, vers 1880* (tirage albuminé d'après un négatif au collodion, 18,2 x 20,5 cm).

81. LES FRÈRES DUFTY, *"Bourail, colons du pénitencier", vers 1880* (tirage albuminé d'après un négatif au collodion, 12,1 x 20 cm).

82. LES FRÈRES DUFTY, *élèves de l'école pénitentiaire de La Foa, vers 1880* (tirage albuminé d'après un négatif au collodion, 14,1 x 20,3 cm).

83-84. LES FRÈRES DUFTY, *"Caledonian native curios", vers 1880* (tirage albuminé d'après un négatif au collodion, carte de visite r°-v°).

85. WALTER DUFTY, *ancres et canons provenant des navires de La Pérouse, 1883* (tirage albuminé d'après un négatif au collodion, 13,1 x 20,1 cm).

86. Publicité parue dans *Le Moniteur de la Nouvelle-Calédonie* du 13 janvier 1875.

87. JAMES PEACE, *descente du minerai des mines du Grand-Plateau, Thio, vers 1893* (tirage albuminé d'après un négatif verre, 20,5 x 24 cm).

88. JAMES PEACE, *forçats "loués" par l'administration pénitentiaire à la société Le Nickel, Thio vers 1893* (tirage albuminé d'après un négatif verre, 27,3 x 37,5 cm).

89. LES FRÈRES SERVAIS, *baptême d'un enfant de forçats concessionnaires, Bourail, vers 1890* (tirage albuminé d'après un négatif verre, 10 x 14 cm).

90. LES FRÈRES SERVAIS, *fantaisies musicales, vers 1890* (tirage albuminé d'après un négatif verre, 9,4 x 14,8 cm).

91. LES FRÈRES SERVAIS, *une concession à Bourail, vers 1890* (tirage albuminé d'après un négatif verre, 9,7 x 14,4 cm).

92. LES FRÈRES SERVAIS, *culture des taros, vers 1890* (tirage albuminé d'après un négatif verre, 10 x 14 cm).

93. LES FRÈRES SERVAIS, *graveur de bambous et fabrication de nattes, vers 1890* (tirage albuminé d'après un négatif verre, 10 x 14 cm).

94. LÉON DEVAMBEZ, *station d'élevage à Tuo, 1888* (tirage albuminé d'après un négatif argentique, 15,5 x 20,5 cm).

95. LÉON DEVAMBEZ, *la gendarmerie de Bouloupari, 1888* (tirage albuminé d'après un négatif argentique, 16,5 x 21,5 cm).

96. LÉON DEVAMBEZ, *Ouaco, condamnés travaillant à l'usine de conserves, 1888* (tirage albuminé d'après un négatif argentique, 16,5 x 21,5 cm).

97. LÉON DEVAMBEZ, *le pont de la Ouatchoué construit par la main-d'œuvre pénitentiaire, 1888* (tirage albuminé d'après un négatif argentique, 16,5 x 21,8 cm).

98. LÉON DEVAMBEZ, *dans une caféterie de la côte est, 1888* (tirage albuminé d'après un négatif argentique).

99. LÉON DEVAMBEZ, *"Poste de la mer" près de Bourail, un jour de fête, 1888* (tirage albuminé d'après un négatif argentique, 16,5 x 21,5 cm).

100. CHARLES NÉTHING, *tri du café à la station Petitjean à Tipindjé, vers 1900* (tirage argentique d'après un négatif argentique, 12 x 16,9 cm).

101. CHARLES NÉTHING, *concours agricole de Koné, une course d'amazones, vers 1900* (tirage argentique d'après un négatif argentique, 11,8 x 16,9 cm).

102. CHARLES NÉTHING, *castration d'un veau dans une station à Ouaco, vers 1900* (tirage argentique d'après un négatif argentique, 11,8 x 16,8 cm).

103. CHARLES NÉTHING, *portrait en studio, vers 1900* (tirage argentique d'après un négatif argentique, 11,5 x 16,2 cm).

104. CHARLES NÉTHING, *"Famille canaque en voyage", vers 1900* (tirage argentique d'après un négatif argentique, 12 x 17 cm).

105. CHARLES MITRIDE, *la famille Mitride à Thio, vers 1897* (tirage argentique d'après un négatif argentique, 11,8 x 16,8 cm).

106-107. EUGÈNE BERTIN, *Néo-Calédoniens, vers 1874* (deux tirages albuminés d'après des négatifs au collodion, 10,3 x 7,3 cm).

108. FRÈRE ANTONIO, *catéchistes et servants de messe autour du père Kaiser, à Pouébo, vers 1890* (tirage albuminé d'après un négatif verre, 14,6 x 20,1 cm).

109. FRÈRE ANTONIO, *le catéchiste César et le père Gaide en résidence à Lifou, vers 1890* (tirage albuminé d'après un négatif verre, 13,3 x 20,9 cm).

110. FRÈRE ANTONIO, *Maré, construction de l'église de La Roche sous la direction du père Beaulieu, vers 1890* (tirage albuminé d'après un négatif verre, 14,6 x 20,1 cm).

111. FRÈRE ANTONIO, *"Groupe barbouillé à Lifou", îles Loyauté, vers 1895* (tirage albuminé d'après un négatif verre, 15,3 x 20,3 cm).

112. FRÈRE ANTONIO, *Païta, "les orphelins à la rivière", vers 1885* (tirage albuminé d'après un négatif verre, 13,9 x 20,1 cm).

113. THÉOTIME BRAY, *le surveillant militaire Bray en famille à Népoui, vers 1895* (tirage albuminé d'après un négatif verre, 15,6 x 11,1 cm).

114. THÉOTIME BRAY, *cuisines du pénitencier de l'île Nou, vers 1890* (tirage albuminé d'après un négatif verre, 11,4 x 16,2 cm).

115. THÉOTIME BRAY, *La Foa, fonctionnaires de la pénitentiaire, forçats et Kanaks, vers 1890* (tirage moderne d'après un négatif au gélatinobromure d'argent, 18 x 24 cm).

116. THÉOTIME BRAY, *enfants de l'école pénitentiaire de Fonwhary, vers 1895* (tirage albuminé d'après un négatif verre, 22 x 28 cm).

117. CHARLES MITRIDE, *géomètre et gendarmes en visite dans une tribu de la région de Thio, vers 1898* (tirage argentique d'après un négatif au gélatinobromure d'argent, 11,8 x 16,8 cm).

118. CHARLES MITRIDE, *le condamné Berezowski sur sa concession à Bourail, vers 1898* (tirage argentique d'après un négatif au gélatinobromure d'argent, 11,8 x 16,8 cm).

119. CHARLES MITRIDE, *membres de l'équipage d'un navire en rade de Kouaoua, vers 1898* (tirage argentique d'après un négatif au gélatinobromure d'argent, 16,9 x 11,7 cm).

120. CHARLES MITRIDE, *à bord d'un trois-mâts barque en rade de Kouaoua, 1897* (tirage argentique d'après un négatif au gélatinobromure d'argent, 11,7 x 16,7 cm).

121. CHARLES MITRIDE, *un colon accompagne un géomètre dans la brousse calédonienne, vers 1898* (tirage argentique d'après un négatif au gélatinobromure d'argent, 11,7 x 17 cm).

122. CHARLES MITRIDE, *colon dans sa plantation de café sur la côte est, vers 1898* (tirage argentique d'après un négatif au gélatinobromure d'argent, 11,8 x 16,8 cm).

123. ALLAN HUGHAN, *studio improvisé dans la brousse calédonienne, 1874* (tirage albuminé d'après un négatif au collodion, 15,2 x 10 cm).

124. ÉVENOR DE GRESLAN, *"Repas kanak", vers 1867* (tirage albuminé d'après un négatif au collodion, carte de visite, 5,4 x 9 cm).

125. ERNEST ROBIN, *"Une halte dans la brousse à Pouindalou, côte nord-ouest", 1867* (tirage albuminé d'après un négatif au collodion, 19,4 x 14,1 cm).

126. ALLAN HUGHAN, *"Case du chef d'Oubatche", 1874* (tirage albuminé d'après un négatif au collodion, 15,7 x 20,1 cm).

127. CHARLES NÉTHING, *"Indigènes calédoniens, tenue de pilou", vers 1895* (tirage albuminé d'après un négatif verre, 16,6 x 11,8 cm).

128. *"M. Jules Garnier, son guide indigène et son chien Soulouque", 1866* (gravure sur bois d'après une photographie d'ÉVENOR DE GRESLAN).

129. *Les explorateurs Alfred Marche au Gabon, Francis Garnier en Indochine et Arminius Vambéry en Perse* (gravures sur bois reproduites dans la presse illustrée).

130. ÉVENOR DE GRESLAN, *Néo-Calédonien joueur de flûte nasale, 1866* (tirage albuminé d'après un négatif au collodion, 9 x 5,4 cm).

131. D'après ÉVENOR DE GRESLAN, *Néo-Calédonien joueur de flûte nasale* (gravure sur bois réalisée en 1867 d'après une photographie).

132. ANONYME, *"Zemma, indigène de la Nouvelle-Calédonie"* (gravure sur bois exécutée en 1857 d'après une photographie réalisée à Paris).

133. EUGÈNE BOURDAIS, *"Type de femme en Calédonie (grand costume)", 1857-1858* (tirage albuminé d'après un négatif au collodion, 15,8 x 12,3 cm).

134. D'après EUGÈNE BOURDAIS, *Néo-Calédoniens* (gravure sur bois réalisée en 1861 à partir de plusieurs photographies).

135. D'après ERNEST ROBIN, *types de Kanaks* (gravure sur bois réalisée en 1878 d'après des photographies).

136. D'après LÉON ARMAND, *"Port-de-France et Port-Napoléon dans la Nouvelle-Calédonie"* (gravure sur bois réalisée en 1858 d'après une photographie).

137. D'après ÉVENOR DE GRESLAN, *préparation du trépang* (gravure sur bois réalisée en 1867 d'après une photographie).

138. D'après d'ALLAN HUGHAN, *arrivée de la Danaé, les déportés au moment de leur débarquement* (gravure sur bois réalisée en 1873 d'après une photographie).

139-140. PHILIPPE POTTEAU, *"Manhouaréré, matelot à bord du Styx, né au village de Touaourou", Paris, 1860* (deux tirages albuminés d'après des négatifs au collodion, 14,6 x 10,8 cm).

141-142. PHILIPPE POTTEAU, *Guhamben, matelot à bord du Styx, Paris, 1860* (deux tirages albuminés d'après des négatifs au collodion, le premier : 16,4 x 10,7 cm, le second : 14 x 10 cm).

143. ALFRED ANGOT, *passage de Vénus sur le disque solaire, 1874* (tirage albuminé d'après un négatif verre, 5,5 x 10 cm).

144. ALFRED ANGOT, *l'observatoire construit à Nouméa, 1874* (tirage albuminé d'après un négatif verre, 10,8 x 16,3 cm).

145. ALFRED ANGOT, *instruments destinés à étudier le passage de la planète, 1874* (tirage albuminé d'après un négatif verre, 15,5 x 11,5 cm).

146. CHARLES NÉTHING, *cagous vers 1895* (tirage argentique d'après un négatif au gélatinobromure d'argent, 11,5 x 16,5 cm).

Biographies

147. FRÈRE ANTONIO, *autoportrait, vers 1890* (détail d'un tirage albuminé réalisé d'après un négatif en verre).

148. THÉOTIME BRAY, *autoportrait, vers 1890* (détail d'un négatif argentique).

149. ANDRÉ CHAPUY, *autoportrait, 1848* (détail du daguerréotype reproduit page 17).

150. ALLAN HUGHAN, *autoportrait, vers 1880* (reproduction d'un document non localisé).

151. CHARLES MITRIDE, *autoportrait, vers 1898* (tirage argentique réalisé d'après un négatif verre).

152. CHARLES NÉTHING, *autoportrait, vers 1900* (reproduction d'un document non localisé).

153. ERNEST ROBIN, *autoportrait, 1867* (détail de la photographie reproduite page 147).

Ouvrage réalisé par l'Atelier graphique Actes Sud.
Reproduit et achevé d'imprimer en mars 1998
par l'imprimerie Le Govic à Nantes
pour le compte des éditions ACTES SUD
Le Méjan, place Nina-Berberova, 13200 Arles.
Maquette : Isabelle Mariana
Fabrication : Luc Martin
Photogravure : Basic Color, Les Angles

Dépôt légal : avril 1998

NOUMÉA